世界から注目を集める、イタリア・アブルッツォ州、サント・ステファノ・ディ・セッサニオ村のアルベルゴ・ディフーゾ「セクスタンティオ」

サント・ステファノ・ディ・セッサニオ村の全景（SIME／アフロ）

サント・ステファノの通称「メディチの門」

サント・ステファノの街並み

ホテル直営のハーブティー専門店

「セクスタンティオ」のレセプション

「セクスタンティオ」の部屋「ラ・カンティーナ」。部屋の造りは極めて多様

「セクスタンティオ」のバイキングの朝食

洗面台

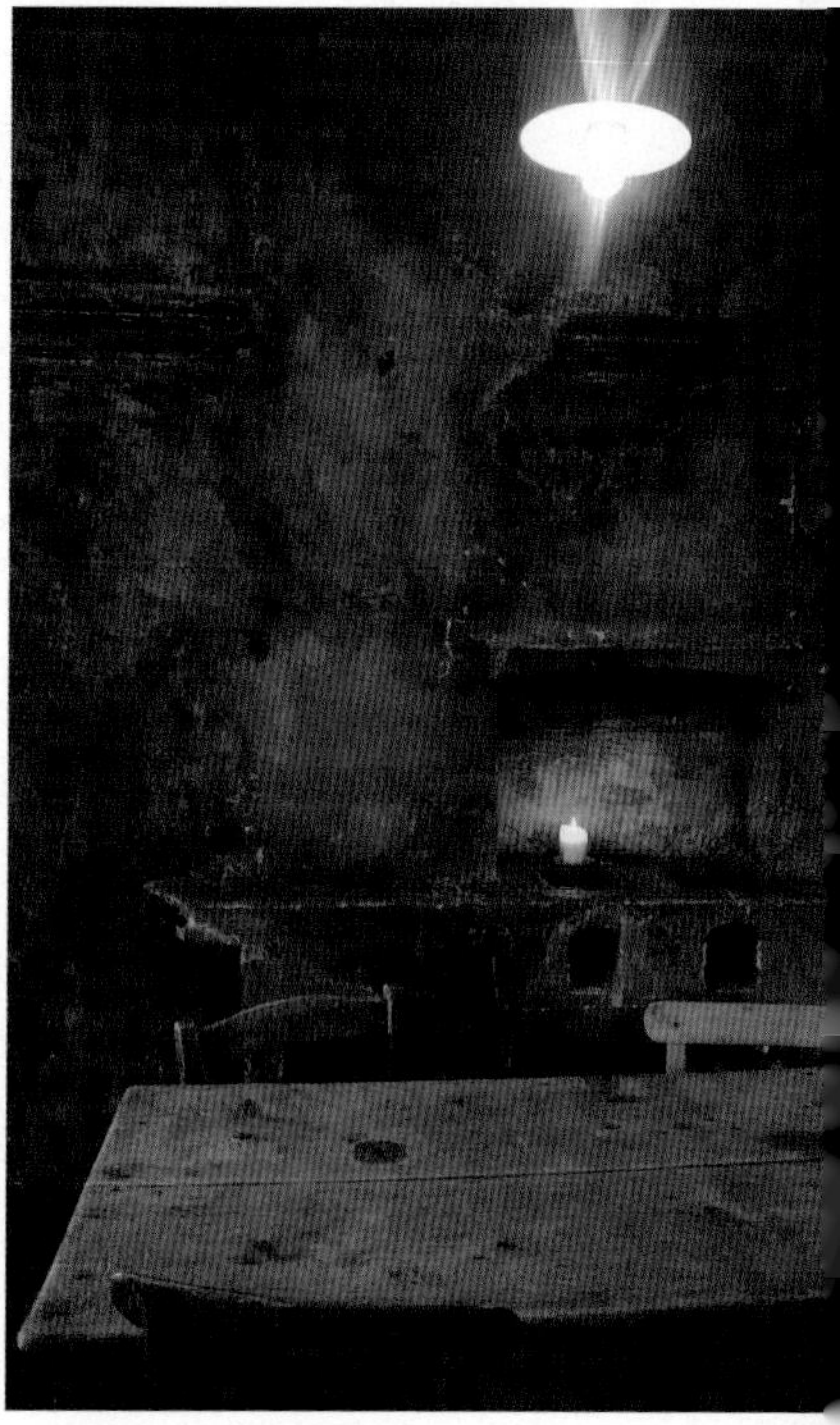

壁の煤をそのまま生かす

ロッカ・カラッショの古城

皇帝の原っぱ（カンポ・インペラトーレ）

カペストラーノの湧き水

ダニエーレと愛車のバイク

羊の放牧の様子。その乳から名物のチーズ・カネストラートが作られる

サント・ステファノ、輪作の畑。伝統的なレンズ豆、小麦、じゃがいもが作られる

サント・ステファノのレストラン「ロカンダ・ソット・リ・アルキ」

マテーラの街並み

マテーラの「セクスタンティオ」入り口

「セクスタンティオ」の部屋（マテーラ）

食堂（マテーラ）

朝食（マテーラ）。地元のチーズや生ハム、奥にはフルーツと野菜が並ぶ

古民家ステイ「親家《おやけ》」（長崎県小値賀島《おぢかしま》）

「親家」の寝具（長崎県小値賀島）

「敬承　藤松」から届く魚鍋（長崎県小値賀島）

「商店街 HOTEL　講　大津百町」の「茶屋」（滋賀県大津市）

商店街の川魚専門店（滋賀県大津市）

商店街の漬物屋（上）と造り酒屋（下）
（滋賀県大津市）

「NIPPONIA　小菅　源流の村」の「大家《おおや》」（山梨県小菅村）

「NIPPONIA HOTEL　八女福島　商家町」（福岡県八女福島市）

「Hanare」（東京都谷中）

「HAGISO」（東京都谷中）

「里山まるごとホテル」の食事処「茅葺庵《かやぶきあん》」（石川県三井集落）

Santo Stefano di Sessanio

世界中から人が押し寄せる小さな村

新時代の観光の哲学

島村菜津

光文社

目次

第二章　本物を求める旅　57

第三章　支配人は民俗学者　85

第四章　時代とともに変化する美意識　107

第一〇章　日本型アルベルゴ・ディフーゾ　259

本書に登場する主な地名
コメリアンス
ミラノ
フリウリ・ヴェネチア・ジュリア州
トリノ
ヴェネチア
ボローニャ
ジェノヴァ
フィレンツェ
アブルッツォ州
ローマ
マテーラ
ナポリ
サルデーニャ島
シチリア島

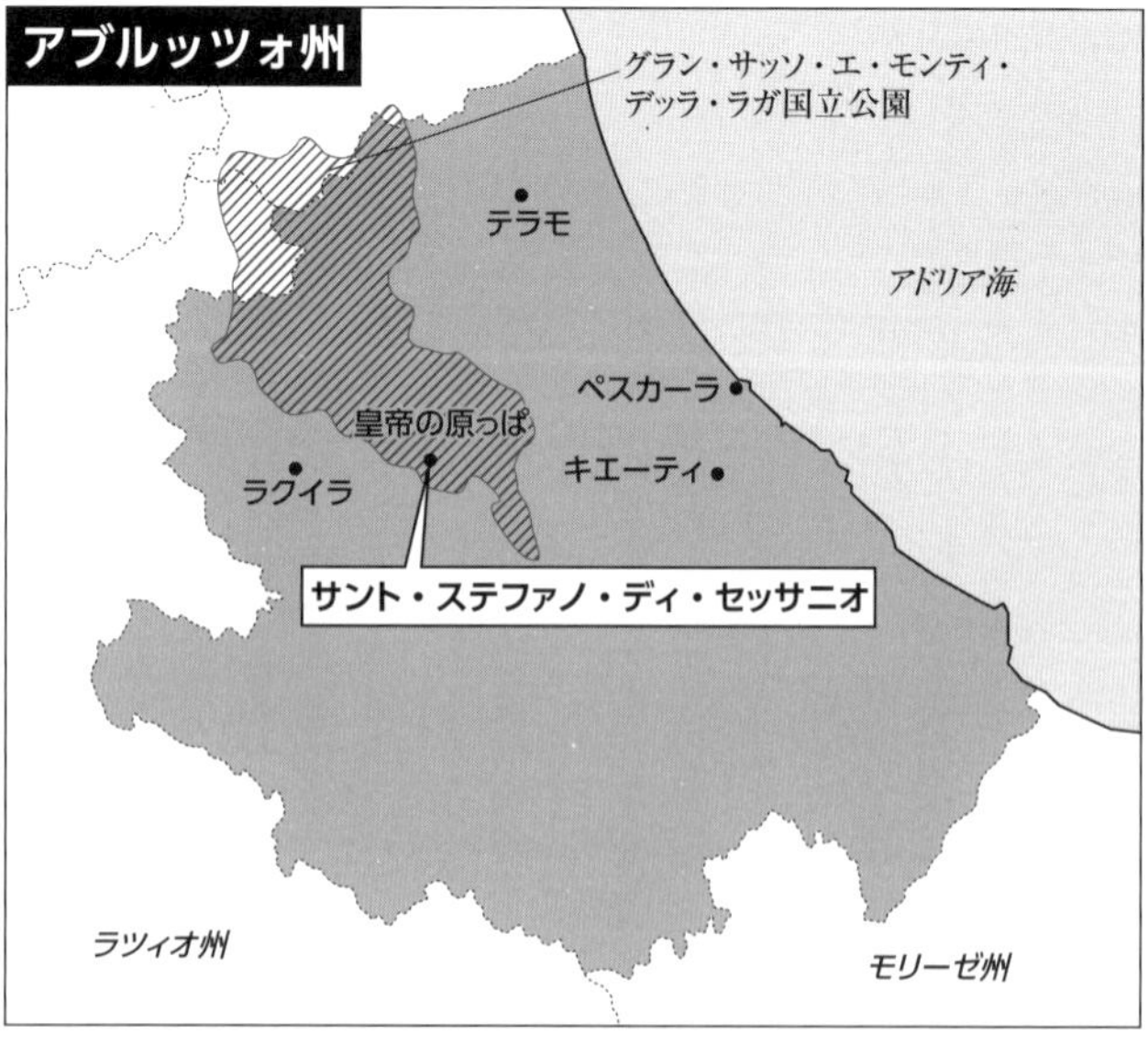
アブルッツォ州
グラン・サッソ・エ・モンティ・
デッラ・ラガ国立公園
テラモ
アドリア海
ペスカーラ
皇帝の原っぱ
キエーティ
ラクイラ
サント・ステファノ・ディ・セッサニオ
ラツィオ州
モリーゼ州

まえがき――増える廃村と空き家

イタリア半島は、島国である日本のほぼ五分の四の大きさだ。そこには現在、約七〇〇万戸（二〇一一年　国立統計局調べ）の空き家が存在しているという。さらに、中山間地に位置する五六七二の市町村に絞れば、空き家の数は、だいたい二〇〇万戸になるそうだ。そして完全に人が住まなくなってしまった廃村は、同年のフィレンツェ大学の調査によれば、一八四村だという。

一方、日本の空き家は、二〇一八年の総務省の調べによれば約八四六万戸で、空き家率は一三・六%と過去最多を更新した。そのうち中山間地がどれほどの割合を占めるのかは不明だが、国内では「消滅集落」と呼ばれている廃村は、二〇一五年の調べで一五七村だった。

どうして、イタリアと日本には、空き家が増えているのか。

まず考えられるのは、二つの国は、ともに高齢化率が非常に高いことだ。二〇一八年、日本の高齢化率は世界一で六五歳以上が全体の二八・一%を占めており、第二位はイタリアで、二三・三%だった。

出生率の低さも両国は世界のトップを競っている。結婚しない若者や離婚も多く、共働き家庭の増加もあって、一人っ子世帯も多い。二〇一七年の合計特殊出生率は、日本の平均一・四三人に対し、イタリアは平均一・三二人だった。

人口の推移を見てみると、日本は二〇〇八年の一億二八〇八万四〇〇〇人をピークに以後は減少し始め、イタリアでも、二〇一七年の六一〇〇万人をピークに減少傾向にある。つまり、二つの国では、少子高齢化によって、明らかに人口減少が始まっていることが、空き家が増えている最大の原因と考えられる。

もう一つ、二つの国には共通項がある。それは、ともに第二次世界大戦の敗戦国で、戦後の復興とともに、空前の建築ブームと生活様式の劇的な変化を経験したことだ。もちろん、日本の伝統家屋は木造で、日本人の八割以上が新築に憧れている。家屋の平均寿命が一三〇年近く、七割が中古に住むイタリアとでは、古民家を守ることへの意識や修復の手間もかなり違う。

だが、はっきりしていることは、そんな少子高齢化と、生活様式の大きな変化を体験した二つの国で、今、突きつけられている大きな課題の一つが空き家問題だということだ。

ことに中山間地に点在する集落の空き家化が社会問題となっているのは、それが環境問題に直結しているからだ。日本と同じように、イタリアは、丘陵地帯を含めれば中山間地が国土の約七割を占め、森や水に恵まれた国である。しかし、一度、人の手が入った山を荒らさないためには、人が手をかけ続けることが大切である。枝打ちをし、下草を刈り、広葉樹を増やし、森を育てていく。

荒れた山は里山に獣害をもたらし、保湿力を失って下流域の水被害を大きくする。コンクリート護岸やダムは一種の対症療法に過ぎない。気候変動にも悩まされている今こそ、山村で連綿と続いてきた人々の暮らしに目を向ける必要がある。

そう訴えるのは、イタリア山岳部共同体連合の代表、マルコ・ブッソーネである。

「(山の)集落は、何も都市の養子になりたいわけではないのです。ただ、都市と対等な協定を結びたいのです。都市の人々もまた、我々が彼らを必要としているように、私たちを必要としているのです。私たちが、ここに暮らし続けることで、生態系バランスが保たれているからです。たとえば、水、森林、二酸化炭素の削減、地下水の安定です。

本当に都市住民が、我々に手を貸してくれるというのならば、水道料金に四ユーロ上乗せしてくれればいいのです」

そんなわけで日本でも、二〇二四年から、森林環境税が国民一人につき年額一〇〇〇円、徴収されることになったが、こうした対策は、都市化と乱開発のもとに山の荒廃を放置してきた両国の、いわば最終手段である。

人が山村に暮らし続けること。林業や農業といった森に手をかけるなりわいが存続していく。

そのことが、水や酸素の供給を、森や川に依存している、都市住民の暮らしの存続にも不可欠なのである。

アルベルゴ・ディフーゾという試み

そんな中で、山村に増えていく空き家を修復し、これを宿泊施設にすることで、村と都市の交流を図ろうというアルベルゴ・ディフーゾというものが注目を集めている。

アルベルゴは宿、ディフーゾは拡散するといった意味のイタリア語を組み合わせた造語である。たとえば、従来の大型ホテルは、近代的な垂直型の建物の中に、飲食も、スパも、娯楽も取り込まれている。数日間、滞在しても、下手をすれば一歩も外に出なくてもことは済む。長期的なヴァカンスの習慣があるヨーロッパでは、合理的で便利な造りである。一方、アルベルゴ・ディフーゾは、これとは対照的に、旅行者は、村に点在する古民家の宿を拠点として、周囲の自然や農村の暮らしそのものを楽しむというわけだ。

その起源は、一九七六年、北部の山間地で起きた震災後の復興プロジェクトである。レセプションは村に一つ、食事は村の食堂やバールを利用してもらえばいいし、その方が村の経済にも寄与する、という発想は、人がいなくなってしまった被災地の村で生まれた苦肉の策だった。

やがて、地理的条件も抱えた問題も異なる各地での試行錯誤が始まり、二〇〇六年には、「アルベルゴ・ディフーゾ協会」も設立された。大多数を占める従来のホテル、アグリトゥリズモ（農家民宿）やB&B（ベッド&ブレックファスト）に比べれば、まだまだ生まれたばかりの宿泊形態で、その数はイタリアでも五〇〇軒ほどだ。古民家の保存と村の存続と活性化という理念を掲げてはいるが、実際には玉石混淆で、うち同協会に加盟するのは、五分の一ほどに過ぎない。

それが二〇一〇年を超えた頃から、同じく空き家問題が深刻なスイス、ドイツ、スペイン、アメリカ、日本にも注目されるようになる。日本では、アルベルゴ・ディフーゾが舌を嚙《か》みそうだというので、「分散型の宿」などと表現されている。

サント・ステファノ・ディ・セッサニオという小さな山村

さて、その中でも世界の注目を集めてきたのは、日本人があまり知らない中部の山岳地帯、アブルッツォ州の標高一二五〇メートルに位置する小さな集落サント・ステファノ・ディ・セッサニオ村のアルベルゴ・ディフーゾだ。

この山村で、古代ローマ帝国の要所から六マイルめの見張り台があったとされることに由来する「セクスタンティオ」という名の有限会社が、二〇〇五年から宿を始めた。そのおかげで、使われていない別荘を含めれば七五%が空き家で、一軒のバールと小さな食料品店、夏にだけ営業する食堂を兼ねた民宿しかなかった村に、今では、三〇軒以上の新しい経済活動が生まれた。

その後も、同社が、世界遺産となった洞窟住居の街、マテーラに展開した二つめの宿が、欧米のメディアに高い評価を受けた。

私は、「セクスタンティオ」の代表、ダニエーレ・キルグレンという人物にじっくり話を聴いてみることにした。

ただ、それは、彼の山村まるごとホテルが、イタリアで最も注目されてきたからだけではない。アルベルゴ・ディフーゾの運営には、社会的協同組合、第三セクター、個人と様々な形態があるが、「セクスタンティオ」の宿は、村に縁もゆかりもなかったイタリア北部出身のダニエーレが、まだ三〇代の頃、村の美しさに惚れ込んで莫大な個人資産をつぎ込んだと耳にしたからだ。

夕刻の山に見惚れるダニエーレ・キルグレン

本来ならば、空き家対策は、山村の事情をよく知る住民たちが主体となるのが理想だろう。けれども、高齢化の進む山村は圧倒的な人手不足に陥っており、住民たちだけの力ではもはや何ともしがたい厳しい現状がある。

そこで、人が劇的に減ってしまった山の集落に資産をつぎ込み、空き家を修復して宿にし、村に若者たちが暮らせる新しい経済を生み出そうとしている資産家という存在に興味が湧いた。

格差社会が世界に拡がる中で、一生かけても使い切れない資産を手にした者が宇宙に夢を抱くのは美しいことかもしれない。遺伝子組み換え産業やファストフード・チェーンに投資した方が、確実に収益を生むという投資家もいるだろう。けれども、疲弊した山村の再生に情熱を注ぐような酔狂な資産家は、現代の希望だと思う。

もし、若者たちの力が足りずに窮《きゅう》している山村や離島の再生に、私財を投じるような個人や企業のメセナが、今の一〇〇倍にでも増えたならば、日本はもっと魅力的で住み心地の良い国になることだろう。うら淋しい二極化の社会も回避できるのではないか。

「セクスタンティオ」の案内板

そんなことを考えるうちに、若くして思い切った決断をしたというダニエーレという資産家に、俄然、興味が湧いたのだった。

本書の前半では、なぜ、北部の資産家が、縁もゆかりもなかった南部の山村に古民家ホテルを建てる決意をしたのか、長く空き家だった古民家を宿に変える手法とその苦労、いかに地域の人々の理解を求めたのかも訊いてみた。そして、国内最大の国立公園を誇る山岳地方の潜在的な魅力、これまで評価されることのなかった山村の文化的価値と、これを守ることに人生をかけたダニエーレの人となりを探った。

後半では、二度の震災に見舞われた宿の立て直しに手を貸した大型ホテル・チェーン店の社長や、山村の伝統的な農業を引き継ぐ移住者たちの話、さらには「セクスタンティオ」によるイタリアの恥部と呼ばれた町の第二弾の宿や、日本各地の分散型ホテルの取り組みも紹介する。

ポスト・コロナの時代に求められる新しい観光とは何か。情熱的に語るダニエーレの哲学が、日本の地方再生のヒントになれば幸いである。

第一章　壁の煤《すす》を落とすな

突如、目の前に現れた美しい村

どこへ旅をするのにも、長年、愛用してきたホンダの古いバイクが相棒だった。

この日、ミラノ生まれのその青年は、アブルッツォ州の標高一四六〇メートルの山頂に聳《そび》える中世の城砦《じょうさい》、ロッカ・カラッショへとやってきた。

一九九九年の春のことだった。その頃はまだ、知る人ぞ知る隠れた名所だったが、その山頂からは、晴れた日には、三六〇度の山々の眺望を楽しむことができた。

城のすぐ下には、一六世紀末に建てられた六角形の聖堂、その先には、なだらかな山並みがはるか彼方まで拡がっていた。長い歳月の風化が作り上げた優美な山々の連なりに、春のやわらかな光が降り注いでいた。

青年は草地に両足を投げ出して、しばし、その光景に見入った。

そして皇帝の原っぱ《カンポ・インペラトーレ》と呼ばれる高原に行ってみようと思い立ち、山道をバイクで走った。だが、なかなか高原は現れない。途中で道を間違えてしまったことに気づいた青年が、道を引き返そうとしたその時、突如、目の前に美しい村の姿が現れた。

集落は山の裾野にひっそりと佇んでいた。中央に姿のよい塔、城壁の跡も見える。足元の谷間には、輪作の畑が緑の帯をなしていた。満開のアーモンドの木にバイクを立てかけると、青年は、しばらくその集落の姿に見とれた。

異民族の往来が激しかった時代、城壁の外側は危険に満ちていた。大きな門は夜になると閉ざされ、高い塔は見張り台だった。そんな時代に領主の住居を中心にして肩を寄せ合うように家屋が密集したこの地方独特の中世の城塞集落だった。

しかし、青年が目を見張ったのは、それだけではなかった。後の取材で、彼はその時の驚きをこう表現した。

「そこには、二〇世紀の文明の痕跡さえ、見当たらなかった。セメント造りの家屋もほとんどなければ、この地方の文化とは無縁なチロルの山小屋風の別荘もなかった」

それは、サント・ステファノ・ディ・セッサニオという村だった。

人の気配はなかった。駐車場にバイクを置き、小さな広場に出ると、一軒のバールがあった。その日、会えたのは、そこにたむろしていた数人のお年

サント・ステファノ・ディ・セッサニオの路地

寄りだけだった。後は、よろずやのような食料品店とハイシーズンにだけ開く民宿を兼ねた小さな食堂だけだった。

　坂道と階段ばかりだ。道幅が狭く、壁が高く、カーブばかりで先が見渡せない路地は、敵の侵入から身を守るための造りだ。

　渦巻く路地を登っていくと、その先に塔が聳えていた。一八メートルものその塔を、村の古老たちはメディチの塔と呼んでいた。城壁の門にも、丸薬が並んだメディチ家の紋章が刻まれ、かなり傷んではいたが、ルネサンス文化を支えたトスカーナ貴族が拠点にしたという屋敷も残っていた。

雑貨店のマリーナ

　青年は、塔の近くでもう一軒の店を見つけた。蔦《つた》の絡むその店は、羊や猫をデザインした小物が並ぶ雑貨店だった。金色の巻毛に大きな青い目をした中年の女性が、一人でやってきた青年を、不思議そうに見つめ返した。

　店の主人マリーナは、この日のことをよく覚えていた。

　北欧系か、スラブ系を思わせる背の高い、金髪の青年が店に入ってくるなり、ミラノ訛《なま》りのイタリア語で、あなたはこの村の生まれですかと訊いた。そこでローマ人だと答えると、今度は、なぜローマ生まれのあなたが、この村で店をやっているのか、と訊く。

マリーナは、長年、ローマで衣料品の輸入販売をしていたが、たまたま避暑に来たこの村に魅せられて、古い空き家を買った。最初は別荘のつもりで夏だけ土産店を始めたが、そのうち輸入業も畳《たた》み、この村で暮らすようになった。そんな話をひとしきりすると、黙って聴いていた青年は、ちょっと、ひとまわりしてくると言い残して姿を消した。


ツバメが舞い、新緑は輝き、あたりは春の兆しに満ちていた。しかし、人がほとんどいない山村には、もの淋しさが漂っていた。想像以上に空き家が多い。長い間、雨風に晒されたのか、壁が崩れ落ちてしまった廃墟もあった。

にもかかわらず、村は、青年の心を捉えて離さなかった。

まるで一九世紀末のまま、時計の針が止まってしまったかのようだ。多くの人が村を離れ、外国や都市に移っていったことで捨てられた山村。それは南部の典型的な山村の姿だった。

青年は、愛おしさとともに、身震いするような憤《いきどお》りを覚えた。

なぜ、これほどまでに美しい村が、捨て置かれてしまったのか？

なぜ、誰も、その本当の価値に気づこうとはしないのか？

これはいったい、どういうことなのだ。

一時間ほどして店に戻った青年は、目を輝かせながら、こう言った。

「マリーナ、いいアイデアが浮かんだよ。あのね、僕は、この村の空き家を買おうと思うんだ。そして修復してホテルにしたいと考えているんだけど、どう思う？」

その屈託のない青年が、ダニエーレ・キルグレン、当時三三歳だった。

彼は、その六年後、当時は誰も知らなかったこの小さな村の空き家を改装し、村に点在する宿を経営し始めた。こうしてひとけのなかった山村を若者たちが働くことができ、世界から旅行者がやってくる村へと変えていくのである。

決して安くはない宿

二〇一四年、サント・ステファノ・ディ・セッサニオは、世界中のメディアで取り上げられる村になって久しかった。

「セクスタンティオ」という名のアルベルゴ・ディフーゾが生まれて九年が過ぎていた。

この年の夏、山村に点在する空き家を宿として再生させ、過疎化を食い止めるというアルベルゴ・ディフーゾの中でも最も話題になっていたこの村に、一度、泊まってみたいと、私はある企業誌に売り込んで取材にやってきた。

当時はアブルッツォ州の山岳地帯の情報さえ、日本のガイド本ではほとんど言及されていなかった。もし、この宿がなければ、村へやってくることはおそらくなかった。

ところが、ペスカーラからレンタカーを走らせて、皇帝の原っぱにたどり着く頃には、なぜ、もっと早くに来なかったものかとすっかり後悔した。

別世界のように美しい高原だった。アルプスの山岳地帯はヘミングウェイやジョイスなどの文豪が滞在したこともあって、世界に名を馳せている。しかし、イタリアの背骨にあたるアペニン山脈にも、三〇〇〇メートル級の万年雪をいただく山々が聳え、スキー場が点在していることは、あまり知られていない。しかも、この高原はイタリア最大の国立公園の中にあり、その森には絶滅危惧の熊や狼も生息していた。

この村があるのも国立公園の中で、皇帝の原っぱからは車で一五分ほどだった。

人口一一〇人ほどの村は、思いのほか、小さかった。

歩いても、一〇分ほどで村をひととおり探索できる。しかも村の全景を撮影しようとしたところ、ネットで検索できる姿のよい村とは何かが違う。なんと、村の中心に立つ、通称メディチの塔が修復中だ。村の人が言うには、二〇〇九年の地震で上部が崩れ落ちてしまったのだという。

「セクスタンティオ」は、決して経済的とは言えない。アルベルゴ・ディフーゾには、農家民宿やB&Bと同じくらいの価格帯、日本円にして六〇〇〇円から一万円ほどのところが多い。しかし、ここはシーズンにもよるが、一泊一三五ユーロ、約一万六〇〇〇円の小さな二人部屋から、寝室がいくつもある屋敷の一棟貸しになると、二五〇〇ユーロ、約三〇万円もした。

にもかかわらず、村には世界中から旅行者が来ていた。フィレンツェから通っているという映画関係者やホテルのオーナー、ドイツ人の若いカップル、イギリス人の年配夫婦、アメリカ人の家族連れ、村の食堂で出会った客だけでも、様々な国から遠路はるばる足を運んでいた。当時は宿の運営だった食堂「ロカンダ・ソット・リ・アルキ」は元羊小屋だ。それが今や国際的な社交の場と化していた。

高い旅費を払って、コロッセオやポンペイのような有名な史跡があるわけでもないこの小さな山村に滞在する人々は、いったい何を求めているのだろう。

「ロカンダ・ソット・リ・アルキ」の朝食バイキング。現在はレストランとして独立

テレビも、冷蔵庫も、電話もない

もう一つ、私の心を捉えたのは、暗い、穴蔵のような部屋の誂《あつら》えだった。平らな白い壁というものが見当たらず、どの部屋も、一つとして同じではない。低い天井がアーチを描く丸い部屋

があるかと思えば、まるで地下牢に降りていくような迫力のある部屋もあった。それは山の斜面を掘り、石を積んで支え、家族が増えるたびにこれを繰り返しながら、意図することなく生まれた庶民の生活空間だからだという。

素朴な木造の机に置かれていたのは、ウェルカム・フルーツならぬ、ガラス瓶入りの湧き水とウェルカム薬草酒だった。シャンプーもガラス瓶入りだから、ぞんざいな扱いはご法度《はっと》である。わら紙に包まれた石鹸も自家製だった。

錬鉄の簡素なベッド、木製の洋服ダンスや衣装ケースといった調度も、統一感こそあるが、いたって素朴だった。虫穴を修復した跡が無数にある鏡の額は、古木の再利用だった。

ネットのＷｉ－Ｆｉはあるものの、テレビも、冷蔵庫も、電話もなかった。

だが、現代的な快適さを盛り込む工夫の跡は見てとれた。たとえば、冷房や暖房は古い家具や板で上手に目隠しされていた。現代の意匠が皆無というわけでもなく、スイートルームに置かれた丸いバスタブは、使い勝手は上々とは言いがたいが、フィリップ・スタルクのデザインだった。

私が泊まった部屋には、他の客たちとの共有ルームがあり、その部屋の扉の一つを開くと、そこに小さなシャワー付きの小部屋がある。寝室へは、そこから狭い螺旋状の階段を降りていく。つまり、その部屋に限れば、バリアフリーとは無縁だった。

そろりそろりと螺旋階段を降りると、薄暗い部屋の床にいくつかのロウソクが灯されていた。

焦げ茶の羊毛のカバーがかかったベッドに横になると、黒い煤の跡が残った壁、窓のないその寝室は、まさに洞窟を連想させた。

　この暗さが苦手な人もいるだろう。怖い、使い勝手が悪いと感じる人もいるだろう。そう考えていたら、壁の端に、近未来的なデザインのスイッチを見つけた。電気の照明という選択肢が用意されていたのには、少しほっとした。

　気の合う人と泊まれば、間違いなく楽しそうだ。しかし、取材とはいえ、たった一人で泊まっているせいか、都会ではあまり遭遇しない暗がりを最初は少し持て余す。かすかな不安さえ覚えた。それでも暗さに目が慣れてくると、徐々に心が落ち着きを取り戻した。そこで寝る時には、ロウソクの光を一本だけ灯してみた。うとうとしながら、ロウソクの灯りに揺らぎ、独特の表情を見せる壁を眺めているうちに、なぜか今度は、じんわりと山の懐に抱かれているような安堵感がこみ上げてきた。

　雪山で冬眠をする熊は、こんな心持ちなのだろうか。

口絵とは別の部屋「ラ・トーレ」。ダニエーレのお気に入り

壁の煤を落とすな

この滞在で、宿のオーナーであるダニエーレ・キルグレンに会うことができた。

イタリアでは、あまり馴染みのない名字は、スウェーデン人の父親からのものだという。イタリア人の母とスウェーデン人の父、ともに資産家一族だと、ある記事には書かれていた。ブロンドに空色の瞳をした背の高いダニエーレは、日本人の思い描くイタリア人の風貌からは外れているかもしれない。しかし、生粋のミラノ弁を話すミラノ人で、その風貌は混血が進んだイタリア半島の多様性の一端でもあった。

「イル・カンティノーネ」という村のパブで話を聴いた。出張から戻ったばかりで疲れているので、一時間ほどという約束だった。低い天井にアーチがかかり、大きな暖炉があった。ブリューゲルの農民たちが酔っ払っていそうな、中世の宿場町にでもタイムスリップしたかのような雰囲気のある店だった。道理で映画関係者が通ってくるはずで、時代劇の撮影がすぐにできる装置が整っているようなものだった。宿から独立したその店を任されているのは、長髪を後ろで束ねた愛想のよい若者だった。

生ビールを注文すると、ダニエーレにまず、謎めいた宿の名の由来を訊ねた。

16世紀の暖炉

「この村は、ペルトゥイヌムへ続く街道沿いにあったのではないかと言われている。ペルトゥイヌムは、古代ローマ帝国のアドリア海の港とローマをつなぐ交易の拠点だった街だ。村には、カラッショの城の北、サン・マルコ平原の古代の集落から六マイルめの見張り台が立っていた。村のセッサニオという名前は、ラテン語で六マイルを指すセクスタンティオが変化したものではないか、という説がある。村の原型は中世だけど、ここには古代からの様々な歴史が層になって蓄積している。そのことを村の人たちにも思い出してもらいたくてね」

ペルトゥイヌムという古代都市のことは、初めて耳にした。その時はアブルッツォ州で最も発達した港町ペスカーラの古称かと思ったが、調べてみるとそうではなかった。一九八〇年代、ラクイラから数キロの山中で古代ローマの都市の遺跡が発掘され、様々な文献との照合から、これがペルトゥイヌムではないかと言われていた。

ダニエーレは、この村との出会いや、人口が減って窮しているイタリアの山岳地帯や南部の小さな集落の文化的価値について熱心に説いた後で、こう言った。

「この地域には、独特な暖炉の文化がある。この辺は冬の寒さが厳しくて、マイナス一〇度にもなるから、貴族の屋敷に限らず、貧しい農家にも大きな暖炉があった。戦前、この地域を旅したある作家も、招かれたどんな家にも大きな暖炉があったと書いている。そこで、地元のお年寄りたちに話を聴いてまわった。ところが、地元の人たちは、誰も、その価値に気づいていなかったんだ。

だから、単に空き家の活用だとか、不動産経営の話じゃない。文化的なプロジェクトなんだ。僕は、このパブに、この地域の典型的な暖炉を置こうと、周辺の農家をずいぶんと探しまわった。そうやって一つ一つ整合性を見つけて、人々のかつての暮らしを再構成したんだ」

それからダニエーレはビールで喉を潤すと、やおら暖炉の上を指した。

「この壁を見てごらん」

その指の先には、真っ黒に煤けたでこぼこな壁があった。

「この壁だ。僕は、この煤を残してほしいと、修復を引き受けてくれた建築家に頼んだんだ。でも彼は、漆喰で壁をきれいに塗り直そうと言う。その彼に、この煤だらけの壁を、そのまま残してくれないかと頼んだ。この煤こそが、村の人たちの暮らしの痕跡で、歴史そのものなんだ。そのために、三日もかけて建築家を説得しなければならなかったんだ。

もちろん、賛否両論ある。今でも、どうして壁をきれいにしないんですか？　と訊いてくるお客も中にはいる。けれども、古い暮らしの記憶を抹消して、新しくしてしまったホテルならば、トスカーナ州にも、ウンブリア州にも、世界中にごまんとあるだろう。そんなものは、歴史の殻をかぶっているに過ぎない偽物だ。もはや、本物の歴史は抹消されてしまっているんだから。極端なのはわかっているさ。でも、これは僕の哲学的選択なんだ」

哲学的選択、という大げさな表現に思わず吹き出しそうになった。しかし、相手は大真面目で、ますます熱を帯びた調子で、村への想いを早口で語り続けた。

この時、ダニエーレの深い想いをどれほどくみ取れていたものかは怪しい。

ただ、その煤の話はいつまでも心に引っかかった。

温めていたビジネスのアイデア

「あの頃は、お金があったからね。父が亡くなって、まだ三〇代で三〇〇万～四〇〇万ユーロは、自分ですぐに動かせるお金が入った。でも、自分には、そんなたくさんのお金は必要ないし、たまに旅行に行ければいいし、あと必要なのは犬の餌代くらいだろう」

数年後、改めて取材を申し込み、どうして山村の空き家を買ったかと訊ねたところ、想像していたものとはかなり違う答えが返ってきた。

当時、ダニエーレが父親から相続した資産は、今の日本円に換算すれば五億円近かった。

それなのに、まるで小さな山小屋でも買ったような口調だ。けれども実際には、彼は空き家ばかりだった村の約四〇〇〇平方メートルの不動産を購入し、少しずつ修復しながら、村に点在する三四部屋をホテルとして経営していた。

あまりに気の抜けるような返事に、あなたは聖人ですか、と挑発してみた。

というのも、事前に調べたところでは、村の知名度は上がり、外国からも旅行者が来るような村の活性化のきっかけを作っておきながら、初期の莫大な投資は、まだ回収されてはいないと聞いていたからだ。

するとダニエーレの口調が少し変わった。

「ジャーナリストたちは、お伽噺《とぎばなし》が好きだからね。でも、僕は聖人なんかじゃないよ。これはれっきとした、これからの時代のビジネスモデルなんだ」

バイク旅行をしていたミラノの青年が、アペニン山脈の山道に迷い込み、偶然、小さな山村を発見し、その美しさに心を奪われた。そして猛然と再生のために投資を始めた、という記事の内容を、鵜《う》呑《の》みにしないでほしいと言い出す。

「北部からやってきた富豪の青年が、南部の山岳地方の村に一目惚れして投資したという物語は、確かに美しいからね」

ここで彼が、南部と表現したのは間違いではない。アブルッツォ州は、地理的には中央イタリアである。だが、一二世紀からノルマン人に統治されたシチリア王国（後のナポリ王国）、一九世紀初頭からはシチリア島を含む広大な両シチリア王国の領土にあったことから、文化的にも、歴史的にも南部に分類されることが多い。

南北格差を唱える者には、ここは工業化の波に乗り遅れた、貧しいままの南部だった。調べてみると、山がちなアブルッツォ州の所得はイタリアの中でもかなり低かった。GDP（国内総生産）というものを物差しにするならば、二〇一九年度、ダニエーレが生まれたミラノがある最も裕福なロンバルディア州が四六八・七七ならば、アブルッツォ州は三三・一三と、一〇分の一に満たなかった（単位は一〇億ユーロ　国立統計局調べ）。

それにしても、このGDPというバロメーターは、つくづく、これからの環境社会においては時代遅れのいびつなものである。そこには、水がきれいで、空気が澄んだ自然の中で暮らすことの物理的、精神的な豊かさや、物々交換や自給的経済の価値といったものは一切、加味されていない。そればかりか、都市のための水源地帯を守り、酸素を供給する森を支える人々の恩恵をまったく無視した基準に過ぎない。

さて、話を元に戻すと、豊かな北部の若者が、貧しい南部の山村のために立ち上がった、という美談を、ダニエーレはこの時、やんわりと否定した。

「事実は少し違う。本当は、この村に出会うずっと前、ミラノ大学に通っていた頃から、温めてきたアイデアなんだ。その証拠に、この村を見つけたその日のうちに、僕は、会計士に電話をした。村の空き家を買い取って、修復してホテルにするには、どのくらいの費用がかかるのか、それはビジネスとして成り立つのかを試算してほしいと相談した。とにかく前例がないから、なんとも言えないという答えだったけどね。

いいかい、イタリアのほぼ六割の市町村は、中山間地にある。もっと小さな集落を単位にすれば、約二五〇〇の廃村、人が住まなくなった集落がある。さらに夏やクリスマスの休暇に、歳をとっていく親の顔を見たり、別荘でのんびり過ごすためにしか人が戻ってこない半廃村が、一万五〇〇〇以上ある。

英国の新聞は、この村のこともゴーストタウンと大げさに書いたけれど、僕がやってきた時、この村はまだゴーストタウンではなかった。けれども半廃村、ほとんど人がいない村の典型だった。役場で確認すると、約七五%がまったく使われていない空き家か、一年に一ヶ月も利用されていない都市住民の別荘だった。たくさんの空き家が、長い間、放置されて雨風に晒《さら》され、冬は雪も降るから屋根や壁が崩れてすっかり廃墟化した家も少なくなかった。

それでも村を歩いた時、僕にはピンと来るものがあった。この村には間違いなく投資するだけのとてつもない価値があるとね」

膨らむ予算、プレオープンまで六年

空き家になっていた家々を買い取り、これを丁寧に修復し、古い家具や暖炉を探し、自然素材のシャンプーや石鹸を地元の人たちと作り、記者会見を開き、新聞広告を打ち……とやっているうちに、予算は、当初、予想していた金額の何倍にも膨らんでいった。

資金だけでなく、時間も同じだった。二〇〇五年五月、レストランと三棟で合わせて一〇部屋を完成させてプレオープンにこぎつけるまでに、六年の歳月を要した。

「最初は、雑貨店のマリーナに紹介してもらって知り合った村の人たちに、僕のアイデアを説明しながら、空き家の家主たちを探してまわった」

交渉を続け、すべての契約が成立するまでにほぼ三年を費やした。

イタリア人の強い郷土愛は、カンパニリズモと表現され、良い意味にも、悪い意味にも使う。どんな小さな村にも広場に教会があり、そこに時刻や祭事を伝える鐘楼《しょうろう》、カンパニーレがある。その鐘の音が届く範囲が共同体の暮らしの場で、そこへの帰属意識がとても強い、ということで、イタリア人の郷土愛を表現する言葉としてよく使われている。

だが、ダニエーレは、この村には縁もゆかりもないよそ者だった。親戚一人いなかった。その上、スウェーデン人との混血である。アブルッツォ州の住人になって久しい今でも、保守的な傾向が強い山岳地帯では、イタリア系スウェーデン人《イタロ・スヴェデーゼ》などと呼ばれ、外国人扱いだった。スウェーデン人投資家と誤って書いた新聞さえあった。その上、ミラノという北部の大都会生まれの富裕層である。

さぞかし、最初は、村の人たちに胡散《うさん》臭がられたことだろう。

村人の立場になって見れば、それも頷《うなず》ける。急に現れた金持ちに、いくら長年、使っていないとはいえ、先祖が暮らしてきた家を売るのには抵抗があるだろう。売ってほしいと説得してまわるのは、さぞ大変だったにちがいない。

だが、ダニエーレは深いため息をつくと、家を売ってもらうこと自体は、思ったより難しくなかったと答えた。

「苦労したのは、家の持ち主を探すことだった。あんな造りだからね」

そう言われて初めて気がついた。

山の斜面に沿って築かれた城塞集落は、日本のニュータウンの戸建てやマンションとは訳が違う。扉は一つでも、中に入れば、いくつかの部屋を二〜三家族が共有していたりする。相続も複雑で、地元の人でさえ、この村の戸数をはっきりと答えられる人はいなかった。

「でも、持ち主さえわかれば、何年も誰も使っていなかった廃墟同然の空き家を買うのは、それほど難しいことじゃなかった。最初は、ちょっと頭のおかしい奴が来たぞと思われていたみたいだね。アホが空き家を買うって言っているから、気が変わらないうちに売っちまおうぜ、という雰囲気さえあったね」

そう言って肩をすぼめた。いつか村に戻ろうと考えている持ち主ならば、休暇のたびに、それなりに手を入れてきた。しかし、長くほうっておいた主人にしてみれば、修繕費もばかにならないし、このまま廃墟になるくらいならいくらかの現金になった方がありがたい。それでむしろ喜んで売ってくれたという。


「問題はその後だ。その後、なぜ、空き家を買ったのかというプロジェクトの意味を、村の人たちに理解してもらうのには、本当に時間がかかった。何年もかかった。何度、説明しても、つまりそれは、お前が俺の家を買ってくれるって話だろう？　と返ってくる。

最初の数件の修復を始めた頃は、お前、次は、村の娘たちの初夜権まで行使するつもりじゃないだろうな、なんて疑われた。中世じゃあるまいし」

初夜権とは、ヨーロッパの中世、権力者が所有する領地内で結婚する夫婦がいた場合、その初夜において新郎より先に、新婦と一夜を共にする権利があったという一種の都市伝説である。たちの悪い冗談だが、最初にダニエーレが仕事に誘ったペスカーラの友人たちの話を聴いているうちに、村の人の懸念にも一理ある気がした。

「もちろん、プロの建築家や大工は雇っていたよ。でも、僕たちもみんなで修復を手伝った。ただ僕も大学で建築を勉強したわけじゃないし、この仕事に誘った大学の友人たちも、みんな素人だったからね。古民家の修復もホテル経営も初めてだった。今はアフリカに住んでいるロベルトはエンジニアで、ラオは建築科を卒業したばかりだった。ラオはイタリア人だけど、東洋的な顔立ちだったから、僕らがカンボジア風の渾名《あだな》をつけたのさ。でも、センスは抜群だった。ただ、ラオは無類の女好きでね」

などと言う。老人ばかりの静かな山村に、開放的な港町から若者たちがいきなり押しかけてきたのだから、警戒するのも無理はなかった。

羊小屋のレストラン

ホテルを開業する前の助走期間に営業を始めたのがレストラン「ロカンダ・ソット・リ・アルキ」だった。

「あの建物は、もともと羊小屋だった。レセプションの建物もそうだけど、その倍以上の広さがある。今、カンファレンスに使っている二階は、壁で三つの小部屋に仕切られ、一九六〇年代まで、その狭いところに三家族が暮らしていたそうだ。その後はずっと空き家だったから、僕が買った時は荒れ放題で、床には羊の糞や藁が積もって、農具が積み上げられていた。

天井のアーチも、セメントのいびつな補強で半分近く埋まっていた。そういうものを丁寧に取り除いて、床に散乱していたものを片付けたら、古いオリジナルな床が現れた。そしてアーチも全貌を現すと、悪くない空間になった。

二階の壁は煤けて真っ黒だった。建築家は、ここでも壁をきれいにしたがったけれど、僕は、とにかく、このまま残してほしいと頼んだ。最初は合点がいかない表情だったけど、最終的には僕の考えをよく理解してくれたと思うよ」

全国から古い素材を集める

その頃、山の集落再生プロジェクトに誘われたという友人の一人、ロベルト・サンタヴェーネレに話を訊くことができた。

ダニエーレの同級生だった姉の紹介で出会ったという。専門は電気工学だったが、今、始めなければ消えてしまうイタリアの文化財を守りたいと熱心に説くダニエーレの話に心を打たれた。そして村に来て手伝い始めると、毎日が楽しく、すぐに夢中になってのめり込んだ。ロベルトが、ラオという渾名の青年と主に担当したのは、修復に必要な素材集めだった。

「焦点を絞ったのは、一九世紀末のアブルッツォ州山間地の農家の暮らしだった。だから、その頃の天井の梁《はり》、石の床板、寄せ木張りの木材、石造りの暖炉、階段といったものを集めてまわるのが大変だった。アブルッツォだけじゃなくて全国から探した。壊れたテーブルや椅子は、村の職人たちに修理してもらって再利用した。

そのために、樫《かし》、チェリー材、ポプラ材といろんな木材のストックも作った。集めた古い木材を使って、部屋にぴったりくる鏡やタオル掛け、電灯を自分たちで創作した。古い木材で冷暖房なんかも、目隠ししてね。

それに昔の家は冬なんか寒いだろう。だから、見えないけれど、床下には温水のチューブを這わせる最新式の暖房を入れてある。たとえば、レストランは石の床板を全部、一度、剝《は》がして、一枚一枚ナンバリングして、その下に温水のチューブを這わせてから、またきれいに戻したんだ。床が木の部屋の場合は、ベッドの下だけ熱が伝わりやすいテラコッタの床にして暖房を入れたりしてね」

地元の協力

一つの部屋ができあがると、ロベルトたちはそのまま村で暮らすようになった。そもそも人がいなかったこともあるが、この段階で協力してくれた村人はわずかだったという。

その中で全面的に力を貸してくれた一人が、大工のジェペットだった。本名はフランチェスコだが、手先が起用なので、ピノッキオのお爺さんにあやかって彼らがつけた渾名だ。

ジェペットは、空き家復活プロジェクトを最初から歓迎してくれた。今も宿で使われている古い木材で作った鏡や小さな机は、彼の手になるものだ。

「それに当時は村にシーズンオフも営業する食堂が一軒もなかった。仕事するのにいちいち隣村の食堂に通うのも不便だから、謝礼をして、ジェペットの家で毎日、奥さんの手料理を食べさせてもらっていた。そのうち奥さんに、おいしいから村で食堂でも始めればいいよって言っていたら、僕らの宿ができてしばらくすると、本当に一家は小さな食堂を始めた。今では、当時はまだ幼かった息子さんが調理しているんだ」

「ラ・ベットラ・ディ・ジェペット」は、今や村の人気店だった。ジェペット爺さんは農家でもあるから素材も間違いない、素朴な郷土料理の店だ。

また、ロベルトによれば、村の女性と結婚して広場のバールの経営権を引き継いだダヴィデも、ダニエーレが宿の修復のために声をかけたペスカーラの元大工だという。

再生プロジェクトによる人の往来が、山の集落に様々な縁を作っていた。

欧米メディアが真っ先に反応した理由

当初はかなり懐疑的だったという村の空気が変わり始めたのはいつ頃なのか。ダニエーレに訊いてみた。

「やっぱり、海外のメディアに、ホテルのことが取り上げられてからだね。

なぜか真っ先に反応したのは、アングロサクソン系のメディアばかりだった。『フィナンシャル・タイムズ』や『ニューヨーク・タイムズ』、英国の国営テレビ、ＢＢＣまで取材に来てくれた。特に『フィナンシャル・タイムズ』の記事は、僕にとっても一つの転機になった。あの記事で、英国にも人が住まなくなった中世の村がたくさんあって社会問題になっていることを知ったし、イタリアの長い歴史の中での山村文化の価値について改めて考えることができた。自分がやるべきことがより明確になった気がした」

「セクスタンティオ」のファンに、錚々《そうそう》たる人物たちの名が連なるようになったのも、その頃からだ。イタリア「マイクロソフト」社の副社長ウンベルト・パオルッチやイギリスの建築家デイヴィッド・チッパーフィールドは、わざわざ彼に会いにやってきた。コモ湖に新居を構えたハリウッド俳優、ジョージ・クルーニーも映画の撮影を兼ねてスイートに滞在した。

なぜ、このプロジェクトは、当初、イギリスやアメリカの経済紙に注目されたのか。

そこには二つの理由が考えられる。

まず、ダニエーレも言ったように、イギリスにも約三〇〇〇と言われる無人化した中世の集落が点在していた。ペストの流行、洪水、また一九世紀末、農耕貴族が都市に移住し始めたことなどから人が消えてしまった集落である。またアメリカにも、ゴールドラッシュでにわかに生まれ、資源が枯渇するとともに忘れ去られた集落や交通の便が悪い山岳地帯の無人化した集落が約三八〇〇もあるという。決して他人事ではなかったのだ。

イタリア最大の環境団体レーガンビエンテの二〇一六年の調査によれば、イタリアでも約二五〇〇の集落が無人のままで、約八〇〇〇の市町村にあたる地方自治体（コムーネと呼ばれる）のうち、五六二七が人口五〇〇〇人以下で、過疎化の危機に瀕《ひん》していた。

そんな現状にあって、イギリスやアメリカのメディアは、少子高齢化が最も深刻なイタリアの試みを注視していたのである。


もう一つの理由は、おそらく、ダニエーレの母方の家系がヨーロッパ有数のセメント会社の経営者だったからではないだろうか。

近代化の象徴のようなセメント会社の血を引く若者が、当時はほとんど知られていなかった山村に資産をつぎ込んだという話が、投資家たちの興味を引いたのだ。果たして、それは未来の投資モデルとして有効なのかという関心である。

ダニエーレは、投資家的な表情を見せることはほとんどなかった。しかし、村の人たちの理解をいかに得ることができたのかという質問をした時だけは、こんなふうに答えた。

「いろいろなメディアに取り上げられても、村の人たちには、この村の文化的価値を守るという目的は、なかなか伝わらなかった。村の多くの人たちが理解してくれるようになったのは、その文化的価値というものが、経済的に機能し始めてからだね」

具体的には、村の不動産価値の上昇だった。二〇〇八年までのわずか三年間で、サント・ステファノ・ディ・セッサニオ村の地価は九〇%も値上がりした。その後も上がり続け、現在はダニエーレが空き家を買った頃に比べて四〜五倍になっていた。

「この村に何があるんだ？」

「セクスタンティオ」の美しいパンフレットは、まるで写真集のようだった。そこには、短いプロジェクトの理念、完成した部屋の紹介とともに、修復前の荒れ果てた家屋の写真も少し掲載されていた。そこで当時の廃墟のようだった家々の写真をもっと見たいと思ったが、最初の建築家がプロジェクトを降りてしまったこともあって手に入らない。

途方に暮れていると、若い頃からダニエーレと親しくしている日本人の友人がいることがわかった。小田《こだ》啓二といって、北海道北見市の生まれで、高校時代からアメリカに留学してボストン大学で学んだ。一九九五年にNPO「ガーディアン・エンジェルス」東京支部を発足。渋谷や六本木の治安を守るタウン・パトロールや被災地の救援活動を続けていた。コロナ禍の間も、彼はアメリカの本部の活動を手伝うために渡米していた。

そうした活動を、「兄貴分のダニエーレに倣《なら》って、自分なりに始めた社会活動です」という小田さんが、ボストンの語学学校の頃、隣の席になったのが、ミラノからやってきたディオニシアという女性だった。一八歳の冬、小田さんは、自分のことを兄のように慕ってくれた彼女に誘われ、初めてイタリアを旅した。そこで紹介されたのが、彼女の当時の交際相手だったダニエーレだった。

「以来、ダニエーレは僕の兄貴分のような存在です」

ディオニシアは、ダニエーレに小田さんを託すと、家族でヴァカンスに出かけていった。すると唐突に、明日からシチリアに行かないかと誘われた。

「ダニエーレはいつもそうやって突然、いろんなことを言い出すから、その後もイタリアに行く時は、常に少し時間のゆとりを持って行くようにしているのです。まだシチリアなんて行ったこともありませんでしたし、飛行機で行くのかな、それとも電車かなと思っていたら、バイクで行くという。それも僕を、後ろに乗せてです。

まずジェノヴァの彼のおばさんの家にお世話になって、途中で海岸沿いの街で三泊くらいして、やっとシチリアに着きました。

後になって新聞記事でダニエーレが答えていたのですが、その時のシチリア旅行もヒントになって、人がいなくなった南部の村の空き家を買って修復し、宿や飲食店として再生するというアイデアが浮かんだと言っていました」

ダニエーレに訊ねても、どんな街をめぐったのかさえ、もうあまり覚えていないという。そこで調べてみると、八〇年代にシチリアをバイクで旅した時の経験に触れた二〇一〇年四月一八日の「インデペンデント」紙の記事を見つけた。

その中で、彼は、アグリジェントの神殿群の神々しさに圧倒されたと語っていた。それは、南部の歴史と文化遺産の豊かさを象徴するものだった。ところが、ショックを受けたのは、その神殿のすぐ足元に新しい住宅が立っていたことだ。明らかな違法建築だった。

「もし、その文化遺産の美を守れたならば、旅行者は一泊三〇〇ユーロだって支払うだろう。なのに、どうして、こうも愚かなことができるのだろう」と記事の中で嘆《なげ》いていた。マフィアの息がかかった建築会社と行政の腐敗によって建てられた違法建築の撤去問題は、現在にまで尾を引いていた。

「もしも、南部が、その持てる文化財の価値を表現しきれたならば、それはどれほどの経済効果をもたらすことだろう」

そう繰り返すダニエーレの持論の根底には、そんな若い頃の旅の経験が確かにあった。

小田さんは、サント・ステファノ・ディ・セッサニオ村がまだ空き家だらけだった頃、ダニエーレに案内されたことがあった。

「何度か行きました。でも、最初に訪れた時には、当時の村長さんをまだ説得しきれていませんでした。僕だって納得できませんでしたから、彼にも言いましたよ。

この村にいったい何があるんだ？　って。

だって、歩いてまわっても五分もあれば、終わるような集落ですよ。ダニエーレは、僕に見せたくて、交渉していた全部の空き家を一軒一軒、鍵を空けて見せてくれたのですが、部屋というより穴蔵です。床なんてないのですから。床も抜け落ちてしまっているような状態で、床を支えていた支柱だけが残っていました。

それでもダニエーレは、あのいつもの情熱で熱く語るのです。その何年か後には、ついに村長も一緒にやっていこうと説得しおおせた。僕の仕事のパートナーも、その頃、あの村に連れていったことがあるのですが、よく二人で話したものです。あの時、ダニエーレに見せられたあの家々が、あんなふうになるなんて信じられない。よくぞ、ここまでしたって」

初めて村にやってきた時の印象を、ロベルトも教えてくれた。

「空き家どころか、買った家には屋根もないようなところもあったのです。それに今、ジェペットの店がある通りなんか、道の真ん中に壊れた家の壁の瓦礫が積もっていた。それもみんな片付けて、その瓦礫の重みで壊れていた路地の下水管まで僕らが直したんです」

アルベルゴ・ディフーゾという空き家対策

ここで、イタリアで深刻化する空き家問題を解決する一つの試みとして注目されているアルベルゴ・ディフーゾとは、そもそも何なのか。誰が考え出し、誰がこれを拡めてきたのか、ということについて触れておこう。

その長々しい名は一種の造語である。アルベルゴが宿、ディフーゾは、英語のディフューズと同じで、普及するとか、拡散するといった意味のイタリア語だ。最近では、日本でもさかんに口にされるようになり、「分散型の宿」などと訳されることも多くなった。

その造語が生まれたのは、フリウリ・ヴェネチア・ジュリア州（以下、フリウリ州）のアルプス地方東北端に位置するコメリアンスという山村だ。

一九七六年のフリウリ震災をきっかけに、その復興プロジェクトとして誕生した。

震度六級の地震に、夏から秋にかけて何度も見舞われた山岳部の村々では、大きな被害が出た。九九〇人が命を落とし、さらなる被害を恐れて約四万人もの人々が海岸部へと避難した。酪農がさかんな地域では、約二万頭の家畜も犠牲になった。こうして多くの人が村々を離れ、都市や海外への移民を余儀なくされた。

フリウリ州は、シチリア島やヴァッレ・ダオスタ州などとともに特別自治州の一つで、この災害をきっかけに自治力を発揮し、倒壊した建築物の修復と同時に耐震補強を強化していったことでも知られている。

この時、コメリアンス村の復興のために最初に解決しなければならなかった問題が、空き家対策だった。太古の先住民族の名からカルニア地方と呼ばれるこの山間地の村々は、一九二八年にも地震の被害を受けていたことで、ある程度の耐震補強が施されていた。そのため、人的被害こそ少なかったが、人口減少は劇的だった。

農家ばかりだったこの村では、約一〇〇〇人の人口が半減し、家屋の三分の一が空き家となった。しかし、多くの家主が不在という状況では、従来の農家民宿も成立しない。空き家を改装して観光化するにも、いったい誰が鍵と部屋の管理をし、客に食事を供するのかという話になった。被災した村には圧倒的に人手が足りなかった。

そこで生まれたのが、レセプションは村に一つでいいのではないかという案だった。それならば、社交的な適任者が数人いれば何とかなる。

人が住んでいなければ夕食のサービスは難しいが、それなら村に残っている食堂やバールを利用してもらえばいい。そうして村全体にお金を落としてもらった方がむしろいいのではないか、となった。

アルベルゴ・ディフーゾという名を閃《ひらめ》いたのは、二〇一七年に他界したコメリアンス出身の詩人レオナルド・ザニエールだった。八二年のことだ。その実家も宿となっている。

水平方向に拡がる宿

コメリアンス村の復興プロジェクトに、二〇代から参加した建築家のカルロ・トソンに会うことができた。現在はヴェネチアに設計事務所を構えながら、故郷の村に通っている。専門は狭小住宅だという。

「カルニア地方は、アルプス最後の秘境と呼ばれてきた。でも裏を返せば、ここには興味深い民俗学的な風習も、珍しい食文化もたくさん残っているんだ」

カルロによれば、村が、雪深い地域の特徴だという、とんがり屋根に白壁の大きな民家ばかりになったのは、アルプスの薬草を商って潤った一七世紀頃で、この地方の森から切り出された木材は、かつてヴェネチア帝国の反映を支えたのだという。しかし、産業革命の波、二つの大戦と、常に人口流出に悩まされてきたアルプス山岳地方の中でも、最も過疎化に悩まされているのが、このアルプス東北地方だそうだ。

「一九七六年の震災は、いわば最後のダメ押しのようなものだった。あの地震で、村は一度、本当に空っぽになってしまった。アルベルゴ・ディフーゾは、そんな中で、自分たちの村を何とか消滅の危機から救いたい、もう一度、活気のある村にしたいという住民や支援者たちの思いが、その熱気の中で自然発酵することで生まれた言葉だった。

従来のホテルが、垂直方向に伸びるビルの中に食も娯楽も詰め込まれているのに対して、新しい宿は、村全体に水平方向に拡がる。そのイメージにザニエールがディフーゾという言葉をあてがった。

村再生プロジェクトは、震災の翌年、スイス連邦工科大学の協力のもとに始まった。ザニエールの妻で、この大学の教授だった建築家フィオーラ・ルッサーナのおかげで、大学は研究者や学生たちを送って全面的に支援してくれた」

この村では今も、当時カルロたちが立ち上げた村の協同組合が、宿の運営を続けていた。震災の被害が大きかった集落を中心に一三棟のアルベルゴ・ディフーゾが点在する。室内はシンプルで、中には家畜小屋や干し草小屋を改装した部屋もあるが、どれも五〇〜七〇ユーロと手軽な値段だった。価格は部屋単位なので、これならば一週間ほど家族で滞在しても大きな負担にはならない。

美しさに気づくには、詩人が必要

カルロは、ザニエールに会わせられないのが残念だと繰り返した。

「僕はね、アルベルゴ・ディフーゾを始めるには、詩人が必要だといつも言う。それは、その名づけ親が詩人だからというだけではない。村の暮らしが存続すること、村らしさを失わないこと。それが何よりも大切だ。それなのに大抵の村では、地元の人たちが、その美しさを自覚していない。そこに気づかせてくれるのが詩人だ」

　村に複数の宿が生まれ、それが交流の拠点となることの意義について熱く語った。

「余暇の文化、古民家、歴史、自然、職人、食文化、農業や林業、そうしたもののすべてが、この村に人が住み続けることによって、ようやく存続しうる。政治家たちは、人が水源の村に暮らさなくなることで、どれほどの費用が必要になるのかを、まだ理解していない。

　荒れた森や河川などの環境保護の問題は、今後、ますます大きくなるだろう。

　それから、山村に暮らす若者たちが、何に最も苦しんでいるかわかるかい？　それは病院が遠いとか、経済性でもない。何よりも苦痛なのは疎外感だ。いつだったか、四〇人ものシチリアの大学生たちが、この村に視察のために二週間も滞在した。すると、老人ばかりの村の空気が一変した。若者たちがいてくれることの大切さを痛感した。

　動かなくなった村の様々な要素を活性化する動力となるもの、それがアルベルゴ・ディフーゾを軸にした新しい観光なんだ」

　一九八二年、コメリアンス村がアルベルゴ・ディフーゾ計画を発表すると、同じように過疎化で窮していた近隣の村々も次々にこれに倣った。ＥＵの助成をコンペで勝ち取り、コメリアンスが具体的に動き出したのは、ようやく九三年のことだ。夏のヴァカンスに村人たちが帰郷するタイミングを見計らっては集会を開き、少しずつ壊れた家屋の修復と耐震化を進める中で、だんだんと目指すべきかたちが見えてきたのだという。

彼らが悔しい思いをしたのは、同じフリウリ州の中で、そのアイデアに刺激を受けて州で最初に実現したのはサウリスという村だったことだ。九四年のことだ。

サウリスといえば、食通の間では幻の生ハムの産地として名を馳せている。ブナの木でスモークするため塩分も低く、肉本来の甘みが楽しめる生ハムである。一度は消えかけた幻の生ハムを復活させたのは、ヴォルフ社の創業者ジュゼッペ・ペトリスだった。

標高一二〇〇メートルの傾斜地にあり、冬は道が凍って陸の孤島になるサウリスでは、今でもアルベルゴ・ディフーゾが、山村の呼び水となっていた。

カルニア地方は、人口減少という点ではまだ危機を脱していない。

それでも、長く伸び悩んだコメリアンス村にも、近年、明るい兆しが見えてきた。二〇〇六年には八六八〇人だったアルベルゴ・ディフーゾの利用者数が、四年後には四万二六一三人と五倍に増えたのだという。

「一つには、自然豊かな地域への渇望だと思う。もう一つは懐かしい村の暮らしを楽しむアルベルゴ・ディフーゾの感性が、受けとる側にも育ってきた、やっと時代が追いついてきたということとだね」と、カルロは笑顔を見せてくれた。

世界に拡がるアルベルゴ・ディフーゾ

さて、一九八〇年代、そのカルニア地方の復興にコンサルタントとして入り、コメリアンス村の空き家活用の発想に共鳴し、イタリアだけでなく、世界にこれを拡めることに貢献したのが、ジャンカルロ・ダッラーラだった。彼は旅行会社の経営を経て、アメリカで学び、イタリアの農山村観光に決定的に欠落していたのは、マーケティングのセンスであることを痛感した。そしてペルージア大学で観光学を教えながら、農山村や島の活性化を手がけてきた。

九五年、彼は同じように空き家問題を抱えていたサルデーニャ島やプーリア州のアルベロベッロ、エミリア・ロマーニャ州のサン・レーオなどでアルベルゴ・ディフーゾを仕掛け、二〇〇六年には、「アルベルゴ・ディフーゾ協会」を発足、日本にも何度も招かれている。

また彼の尽力から、八四年、サルデーニャ州に初めてアルベルゴ・ディフーゾについての自治体の条例が生まれた。二〇〇二年には元祖フリウリ州もこれに続き、二〇一七年には、ついにイタリアの全州で条例化された。

こうした地方自治体の動きには、これまでの農家民宿法やホテル法では、もはや増える一方の空き家問題を解決できないという判断があった。

農家ではない民家にも、空き家は増え続けている。また、従来のホテル法では、山村や市街地の古民家での営業は難しい。ホテル法では営業許可が下りない段差も多い古民家を何とか守ろうと思えば、そこには新しい法的枠組みが必要だった。

ただし、地理的条件も違うため、州によって条例の内容も少しずつ異なる。

たとえば、ダッラーラは、北部には、五キロも離れた地域に宿が点在する山村も少なくないが、それでは村の温かなもてなしを伝えにくいと、協会では、レセプションから宿までの距離を最大二〇〇メートルにすることを提案している。また、村の活性化につながる食文化へのアプローチや自然散策などのアクティビティにも乏しい地域があると、条例の不備をしばしば指摘してきた。

そんな中で九〇年代末から、アブルッツォ州の山村に個人資産を投じ、独自のやり方で古民家再生の村まるごとホテルのために試行錯誤してきたのが、ダニエーレだった。

つまり、運営母体も社会的協同組合が担うこともあれば、民営やNPO団体の場合もあり、宿が生まれた状況も、様々だった。


そしてなぜか、イタリアには海や離島のアルベルゴ・ディフーゾがほとんど見当たらなかった。探し続けてようやく見つけたのは、ヴェネチアの北に浮かぶ古都グラードだ。オーストリア・ハンガリー帝国の避暑地として栄えてきたこの街には、上質な海の幸を味わえる店も多い。ここでは、遠浅の海に点在する八つの小島の所有者たちが、別荘ごと島貸しを始めていた。島には葦《あし》を編んだ独特の屋根を持つ伝統建築も残っており、これを保存するのが目的とされていたが、島へは自前のヨットか、ボートをチャーターしていく優雅な旅である。協会には加盟していないが、これもまた、アルベルゴ・ディフーゾだった。

海辺に圧倒的に少ない理由は、ダッラーラによれば、海のヴァカンスが文化として定着して久しいイタリアでは、海岸沿いのホテルのロビー活動が強くて、なかなか参入できないからだという。

イタリアでも試行錯誤の只中

ともあれ、アルベルゴ・ディフーゾは、まだ歴史の浅い宿泊形態で、古民家をセンスよく改装し、かたちだけ整えれば、どんな地域でも活気が出るというような魔法のシステムではない。その証拠に、イタリアもまだまだ試行錯誤の只中にある。

誰がどんな想いで、これを続けていくのか。古民家を美しく改装し、空間を作り上げることより、その後、運営を続けていく情熱と手立て、環境の世紀の新しい観光に向けて、人を育て、地域の意識を変えていくことの方が、むしろ大切な課題のようだった。

そんなイタリアのアルベルゴ・ディフーゾの成功事例のように、メディアにもてはやされてきたダニエーレの宿だが、ホテル運営については、この宿もまた、充分に準備ができていたとは言い難かった。

アルベルゴ・ディフーゾとして登録した理由を訊ねると、あっさりと、従来のホテル法ではなかなか認可が下りそうになかったからだという答えが返ってきた。

極端に狭くて危なっかしい螺旋状の階段も、頭をぶつけそうな低い天井のアーチも、そのまま残したかった。部屋の暗さを演出するためにロウソクを灯すと、それもホテル関係者からは、危険だからやめなさいと注意された。

「どうしたものかと困っていたら、ある日、村にやってきたイタリア人の旅行者が、アルベルゴ・ディフーゾという新しい宿泊形態があるよと教えてくれた。さっそく調べてみると、僕らがぼんやり考えていたホテル経営のかたちに、一番近いことがわかった。友だちと空き家を改装しながら、ずっと、こうした古い集落を守るための条例や法を、国や州が作ってくれないかと期待していたけど、なかなかできなかった。それでアルベルゴ・ディフーゾで登録することにしたんだ」

二〇一三年、アブルッツォ州の条例化のための草案を書いたのもダニエーレたちだった。

第二章　本物を求める旅

これからの観光は、本物が求められる

なぜ、サント・ステファノ・ディ・セッサニオだったのだろう。

イタリア地図を拡げても、なかなか見つからないほど小さな村だ。グーグルマップで、ペスカーラから西の方へ移動していくと、ようやく見つけることができるこの村は、当時、イタリア人のほとんどが知らなかった。

すると、ダニエーレがこんな話をしてくれた。

「これからの新しい観光は、本物を求める旅だと思ったからだ。そう考えて、探し求めていたものにぴったりきたのが、この村だった。

集落の今の姿がほぼできあがったのは、中世末期のことだ。けれども村の歴史を掘り下げれば、先史時代に行き着く。この地域の高原は、古代から羊毛の産地として知られていた。一六世紀には、フィレンツェのメディチ家が、ここを羊毛産業の拠点にした。経済的には、その二〇〇年くらいが村の最盛期だ。その後、封建制度の解体とともに、村に農民たちが暮らし始めて、一九世紀末には、この小さな村に一〇〇〇人以上の人が犇《ひし》めき合っていた」

古民家を修復するにあたって一九世紀末の村の姿に焦点を絞ったのはなぜか。

「それは、世界が、この村を見出したのが、その頃だからだ。たとえば、イギリスにエドワード・リア（一八一二〜一八八八年）という有名な絵本作家がいる。ルイス・キャロルにも影響を与えた人だけど、彼が、ある年齢になると、絵本作家を辞めて、風景画家に転向した。そして地中海地方を旅しながら、風景画ばかり描いた。

イギリスでリアが描いたイタリアの風景画を観て帰国すると、アブルッツォ州の山村には、彼が描いた一九世紀末のイタリアの姿が、ほとんどそのまま残っていた。

当時の旅人は、ある種の民俗学的な興味を抱いて旅をした。それが世界的ブームだった。彼らが憧れたイタリア的なるもの、とは何だったのか。そして、今のイタリアにとって、それは何だろう、そう考えた時、一九世紀末の山村の暮らし、厳しい自然と折り合いをつけながら生きていた村の姿に思い当たったんだ」

ヨーロッパの観光の歴史

そして話は、観光の歴史へと羽ばたいていく。

「ヨーロッパの観光の歴史を振り返ると、まず古代から続く聖地めぐりがある。イタリアならば、ローマ、プーリア州のモンテ・サンタンジェロ（フランスのモン・サン・ミッシェルに影響を与えた大天使ミカエル出現の聖地）、アッシジの聖フランチェスコ聖堂といったところへ、中世の人たちは、はるばる旅をした。

ルネサンスの頃から、一部の貴族たちの間では、イタリアの芸術を愛でる旅への関心が連綿と受け継がれ、一八世紀に入ると、英国貴族たちの間で、ルネサンスや古代ローマの遺跡をめぐって教養を高めるというグランド・ツアーが流行した。ドイツ人の美術史家ヴィンケルマン（一七一七～一七六八年）たちが現れて、古代遺跡の発掘熱も高まった。その頃の観光は、ワクワクするような古代の文化との邂逅《かいこう》だった。

グランド・ツアーは、今みたいな気の短い観光ではない。家庭教師や召使いも同伴で、一年でもゆっくりとめぐる優雅な旅だ。

でも、その時代、アブルッツォ州の山岳地方はどうだったかというと、グランド・ツアーのメインルートからは外れて、たまに通な旅人が来るくらいで、まだ知られざる地に留まっていた。素朴な暮らしの場であり続けた。

この山岳地域に旅行者たちが来るようになったのは、一九世紀末のことなんだ。だから、その時代に焦点を当てた。当時の旅人たちが描いた絵画や旅行記、古い写真も残っていた。村のお年寄りにも話を聴いて、ベッドや調度もできるだけ当時の姿を再現したんだ」

二〇世紀に入ると、オランダの画家、エッシャー（一八九八～一九七二年）も、この地方に魅せられて三度も足を運んでいる。幾何学的な迷路やだまし絵のような作風で知られるエッシャーには、家族とローマに暮らしていた時代がある。アブルッツォ州の山岳都市と雄大な山並みは、その独特な作風に大きなインスピレーションを与えた。

また、ミラノ人の父を持つ英国生まれの画家、エステッラ・カンツィアーニ（一八八七〜一九六四年）もアブルッツォ州の山村を旅して、大自然の美しさと農民たちの素朴な暮らしに心を打たれ、帰国後、水彩のイラストつきの旅行記を出版している。

けれども、ダニエーレは現代の観光には、かなり批判的だった。

「イタリアは観光大国になって久しい。するとなにが起こるかというと、観光化の負の側面として、外からやってくる人たちに見せるための作られた街並み、質の悪い民芸調の土産もの、嘘くさい宿のしつらえが増えていく。トスカーナ地方やプロヴァンス地方でも、よく目にするだろう。そのほとんどは、映画や小説のイメージをつなぎ合わせた中世風や民芸調の何かだ。土産屋には、地元産どころか、イタリア産でもない安っぽい、キッチュなものが並ぶ。南部でもマテーラやアルベロベッロのような観光地は、下手をすれば、シネチッタの書き割りのようになりかねない。その点、サント・ステファノ・ディ・セッサニオには、皮肉にも観光の本流から外れていたことが幸いして、まだ本物を守れる土台が残っていたんだ」

マルクス主義の負の側面

しかしなぜ、かつて芸術家たちを魅了したこの山岳地帯は、その後、忘れ去られてしまったのか。戦後も観光の対象として再評価されることもなかったのか。

すると、しばらく考えてからダニエーレが、ちょっと意外な話を始めた。

「これはあくまでも私見だけれど、イタリアには二つの際立った傾向がある。

一つは、進化というものへの信仰にも近い愛着だ。より進化したもの、より新しいものを愛でるという傾向。そしてもう一つは、皇帝、貴族、教皇といった特権階級の文化や歴史をとても尊重するという保守主義的な傾向だ」

私も含めて日本人は、一体にイタリア人といえば、伝統を大切にする民族だという強い思い込みがある。それが、進化を愛する新しいもの好きの傾向に、特権階級の文化を尊重する保守的な傾向とは、てっきり日本人の話をしているのかと思い、確認したほどだった。

「さて、ならば、その両方に属さない文化を大事にしてきた歴史があるだろうか、といえば、そこがどうも空白なんだ。たとえば、山村の集落や、そこで暮らしてきた農民たちの文化だ。マルクス主義者たちは、ある種の戦略的な刷り込みでもあったのだろうけど、呪文のように貧しい労働者たち、貧しい農民たちと繰り返す。

現代の金融経済が生み出した二極化が、新たな貧困層を生み出していることは間違いない。けれども、マルクス主義者たちが判で押したように唱える貧しい農民たち、というのは年の半分くらい農村で暮らすと、いったいどこにいるのかなという疑念が湧く」

彼の知り合いの農家たちには近頃、大学出も多い。兼業農家も増えたから、経済観念も彼より、ずっとしっかりしているのだという。その上、何もかも自分たちでやる。畑仕事をし、加工し、直売し、レストランや民宿まで経営する。山の農家に教わることの方がずっと多いのではないか、という。

「意地の悪い言い方をすれば、マルクス主義者は戦略的であろうとするあまり、農村という場に、貧しさや文化的ではない暮らしのイメージを押しつけてしまってはいないか、ということなんだ」

皮肉な表現だが、彼の言わんとすることはよくわかる。

社会を持てる者と持たざる者、収奪する者と収奪される者に対立させるマルクス主義的世界観は、社会の犠牲者としての農民や労働者の救済には大いに貢献してきた。しかし、ひょっとすると、文章化されずにきた農村文化の知恵や自然と共存する暮らしの価値を高めることには失敗してはいないだろうか、とダニエーレは言うのだ。

「つまり、イタリアのそうした際立った特徴、進化を盲目的に愛する傾向、そして特権階級の文化を極端に尊ぶ傾向、その二つの傾向の狭間で、これまで脚光を浴びることもなく、忘れられていった文化財がある。それは、僕たちが今、その価値に気づかなければ、そこにある見えない文化、職人の技や食文化、山に生きる知恵といったものとともに、やがて消えていく運命にある、というのが僕の考えだ。

だから、ミラノでも、ローマでもなく、サント・ステファノ・ディ・セッサニオでなければならなかった。この集落は、忘れられかけたイタリアの村々の典型で、イタリアらしさの典型だった。その風景も、文化も、歴史も、イタリア人たちが、この一〇〇年あまりで急速に失ってしまった貴重な何かなんだ」

従来の観光の概念を問い直す

そして、こうしたものの価値を高めていくには、従来の観光というものの概念を問い直していく必要があるのだという。

「一九六〇年代から、イタリアでは観光の大衆化が進んだ。そのマス・ツーリズムの到来とともに、旅のあり方も大きく様変わりした。ほんの一〇〇年ほどの間に、イタリアは、あまりにもいろんなものを失ってしまったが、その一端を担ったのが、マス・ツーリズムだ。その弊害で、イタリアの多くの観光地は壊れてしまった」

空想上の中世風インテリア、民芸調の食堂、地域の風土や文化とは無縁な意匠、イタリア産でさえない土産もの、コンクリートの近代的なホテル……。歴史を掘り下げることなく、自然や人々の暮らしと遊離した安易な観光地づくりが、都市や海辺だけでなく、イタリアの山村にまで均質化を押し拡げたという。

「けれども、この村には、まるで石の彫刻のような居住空間の中に沈殿し、蓄積された歴史の痕跡がちゃんと残っていた。それが大切なんだ。その歴史、その暮らし、その風景、その自然環境までも、これ以上、新しいものを造ることなく、守っていくことができれば最高だ。そこに若者たちがもう一度、暮らせるしくみを生み出し、村を若返らせることができれば、これ以上のことはない」

文化財保護法では守れないもの――自然との親和性

人々がまだ、充分にその美しさや価値に気づいていないもの、けれども、今、守らなければ永遠に失ってしまうイタリアの文化遺産。

それをダニエーレは、マイナーな文化財《パトリモーニオ・ミノーレ》と呼ぶ。そして、アブルッツォ州の山岳地帯の村々に代表される南部のマイナーな文化財の話題になると、いつも人が変わったように饒舌になった。

「マイナーな文化財、その特徴は三つだ。

まず何よりも大切な特徴は、自然との親和性だ。サント・ステファノ・ディ・セッサニオに目をつけた最大の理由はそこなんだ。ここは、自然との調和という観点からすれば、イタリアでも突出した村だと言ってもいい。すばらしいのは、平野部の町と違って、山の麓から、村の全景を眺めることができる。

たとえば、北部のアルプス地方には、谷間の村が多い。日に三時間しか日が射さないような村もある。それに比べて、アペニン山脈の山村の特徴は、山の斜面に造られた村がほとんどだから高低差もある。それだけに生活は厳しいけれど、その姿は本当に美しい。

全景を眺めることができるのは、小さい村の利点でもある。たとえばトスカーナ州のシエナは美しい。けれど、街全体を見渡すことは難しいからね。

マイナーな文化財は、周辺の自然と一体となってこそ、その価値は高まる。したがって、もし、周辺に現代的な別荘でも建ってしまえば、その一幅の絵のような風景はいっぺんで台無しだ。だからこのプロジェクトは、ただの古民家再生ではない。古民家の修復とともに、山村全体とその周辺の建造物までも、村の人たちが、自主的に何らかの規制を設けていくことで、村全体の姿を守り、もっとよくしていく必要がある。

イタリアでは、この一〇〇年ほどの間に、村の生活とそれを取り巻く自然との関係がどんどん引き離され、分断されてしまった。その原因は農業の近代化や農家の減少だけでない。農村の人たちもまた、より便利で、都市のような暮らしを性急に求めた結果だ。

そんな中、アブルッツォの山間地は、極端に人がいなくなってしまったことが幸いして、周囲の自然との親和性の高い集落のかたちが、何とか残った。だから、空き家を修復する時にも、その分断されかけた自然や風景との親和性を、もう一度、取り戻すような選択をしていくことが大切だ。

どういうことかというと、できるだけセメントではなく、この地域の文化には無縁な素材でもなく、石や煉瓦、木材、漆喰といった自然素材を使う。

イタリアは、ヨーロッパ最大のセメント消費国だからね。たとえば、港町ペスカーラの海辺には、大型ホテルやアパートが立ち並んで、まるでマイアミビーチだ。商業がさかんな港町ならば、それも悪くない。けれどもイタリア性というものは、いったいどこへ消えてしまったのだろう、とふと思う。

ならばせめて、大自然の中にひっそりとある山村くらい、イタリア性というものを留める努力をしてもいいのではないか。一九世紀末に、旅人たちの心を打った、自然とともに生きる貧しいけれど、温かい人々の住むイタリアだ」

歴史の重み

「そして二つめに重要なのは歴史の重み、そのインパクトだ。この村には、古代、中世、ルネサンス期、バロック、一九世紀……様々な時代が層になっている。大きな暖炉、畜舎、地下のセラー、扉の魔除け文様や紋章……その過去の蓄積が見えるかたちを選択していく。歴史を紐解きながらね。だから、調度に至るまで徹底的に本物にこだわらなければならない。表面だけそれらしく見せた偽物ではだめなんだ。

たとえば最初の建築家は、部屋に『ポルトローナ・フラウ』のソファを置きたいと言った。イタリアを代表する高級家具メーカーだし、世界中の有名ホテルも使っている。国内の職人たちが作っているものだし、そう提案するのは正論かもしれない。

けれども僕は、そうではなく、地元の農家が本当に使っていた古い家具を置きたいんだと説得した。この地域の農家で使われていた大きな暖炉や洋服ダンスや鉄のベッド、素朴な椅子を集めてまわった。

コップだって、バカラのグラスじゃない。農家が普段使っていた陶器を探した。部屋に置くロウソクや石鹸も、化学薬品を使わない、エコなものというだけではなく、農家が、身のまわりで手に入る自然素材で作ったものを探し、なければ、自分たちで商品開発した。そこに置かれたものが自然と調和し、歴史との整合性があるかどうかなんだ」

例外は賛否両論あるフィリップ・スタルクのバスタブだが、これもイタリア人が小柄だった時代に合わせて敢えてこぶりなものを選んだのだという。

素材への気配り

「三つめに大切なのは、村にやってくる旅行者たちが口にするすべての素材への気配りだ。ここには、レストランとパブ、ハーブティー専門店がある。そこで使われる食材、チーズ、サラミ、ワイン、野菜、豆、パンの小麦に至るまで徹底的に地元の素材にこだわった。

　伝統的なだけじゃなく、おいしくて、健康的であること。文化財だと言っている山村で供されるものが、グローバル化の申し子のようでは悲しい。だから、コカ・コーラも置かない。湧き水がおいしい地域だからね。地元のお年寄りに聞き取りして、この地域の伝統料理、家庭料理のレシピも勉強したんだ」

　そういえば、友人の小田さんもこんなことを言っていた。

「ダニエーレの宿は、メディアではよく、あの独特な部屋ばかりが紹介されるでしょう。でも僕が思うに、彼のこだわりがすごいのはハードじゃなくて、ソフトです。部屋に置いてあるガラス瓶入りのシャンプーも、ロウソクも、みんなわざわざ地元の職人たちを探して作ってもらったものです。お年寄りたちに聞き取りし、あの村で実際に農民たちが使っていたものを再現しているんです」

　しかし、それは楽しそうではあるが、時間も手間もかかる作業だ。地元にあるものを探していく中で、結果的には、村やその周辺に新しい仕事を生み出すことにつながったものの、これも最初から計算したわけではなかったそうだ。

レストランの運営の難しさ

レストランの運営については、今でも人探しに苦労していた。

最初に訪れた時、レストラン「ロカンダ・ソット・リ・アルキ」の厨房を任されていたのは、シモーネという若い料理人だった。彼も移住者の一人で、テラモの料理学校を卒業し、名店で働いた後、ふらりと、この村に遊びにやってきた。そこで、店のフロアを任されていたフランチェスカという美しい女性と恋に落ち、そのまま厨房で働くことになった。彼女もまたカラブリア州出身で、社会学科の学生だった頃、アルベルゴ・ディフーゾによる山村の再生について卒論を書くためにやってきたのが縁で、村に移り住んだ。

レンズ豆のスープ

撮影用に用意されたのは、インスタ映えとは無縁なレバーを使う自家製ソーセージ、レンズ豆のスープ、赤いトマトスープに卵が浮いた様を地獄と天国の間の煉獄の炎にたとえた煉獄の卵という素朴な皿だ。華やかな現代風アレンジではなく、どれも正統派の郷土料理だった。

それを撮影する時も、シモーネが教えてくれた。

「こういう農家の家庭料理は、どんな料理本にも載っていないレシピです。ダニエーレたちと村のお年寄りに聞き取りしながら覚えたんですよ」

ところが、その数年後にふたたび訪れると、レストランでは、新しいシェフが働いていた。フロアも一流ホテルで働いてきたジャコモという青年に替わっていた。

シモーネ夫婦はといえば、独立して、村の足元の湖のほとりで、B&Bを兼ねた新しい食堂「ラ・ロカンダ・スル・ラーゴ」を開いていた。地元の素材にこだわった料理が手頃な値段で食べられるとあって、店はいつも満員だった。

せっかく苦労して育てた料理人があっという間に独立し、しかも同じ村で新しい店を構える。これは、さすがに大変だろう。

だが、ダニエーレは呑気に答える。

「いい店だから、連泊するお客さんには僕も必ず勧めるよ。今もシモーネとは友だちだから。ただ、難しいのはそこだ、伝統食の継承とホテル経営の折り合いのつけ方なんだ。

世界中から旅行者が来る、時には有名人もやってくる。そんな村のレストランを任されるとなれば、どんな料理人だって、

シモーネとフランチェスカの夫婦

ここで一つ、俺の腕前を見せてやろうという野望が起こるのは当たり前だ。それが料理人の心情というものだ。けれども僕は、そのやる気満々の相手に、俺さまの料理などいらないから、とにかく、地元の食材にこだわってほしい。お年寄りたちに聞き取りして、できるだけ農村の伝統料理を再現してほしいと頼むんだからね。

そうすると、どうしたって、料理人は数年置きに入れ替わることになる。この店で名をあげたら、独立して出ていくということは、シモーネに限らず何度か起こった。

まあ、仕方ないのかな。今の料理人も、お客さんの要望にも応えたいと、地域の名産ではない料理もメニューに盛り込んでしまったけれど、基本的には、郷土料理のレシピを尊重してくれている。料理は、大切な農村の文化遺産だからね。あまり重んじられてこなかったから、記録がしっかり残されてもいない。お年寄りが元気なうちに聞き取りしておかないと、あっという間に消えてしまう。

かつての山の生活は、自給的な暮らしだ。貧しかったし、冬には雪も降るから、身近な自然の中で手に入るものは何でも利用した。そこで薬草を暮らしに活かす知恵も発達した。これからの時代、ますます大切な遺産だと思わないかい」

一六世紀のパン焼き釜でのパン教室

一度、ダニエーレは、領主が暮らした屋敷に案内してくれた。寝室も多いが、とても手の届かない最高級のスイートだ。この台所では予約制で時々パン教室を開いている。

「この屋敷のパン焼き釜は、一六世紀のもので、今でもりっぱに使える。ここで、パン教室を開くと、みんな本当に喜んでくれるんだ」

ちなみに母親から伝授されたという伝統のパン作りを定期的に教えているディエゴの本業は、トラックの運転手だった。

「残念ながら、この山村のようなマイナーな文化財は、イタリアではまだ、現行の文化財保護法では守ることができない。今の法律が守れるのは、りっぱな城や修道院、貴族の邸宅といった歴史的建造物だけだ。フランス、ドイツ、イギリスでは、こうしたマイナーな文化財にも早くから法的規制が設けられて、ある程度、国の保護下にある。けれどもイタリアでは、主に経済的な理由から、保護の対象としてみなされることがなかった。その価値を見出されることもなく、ここまで来たんだ」

イタリアは二〇二二年の時点で、世界遺産の数が五八で世界一だ。ＥＵも手がまわらなければ、地方自治体にも予算はない。そんなこともあって、しばしば議論になってきたものの、結果的に後まわしになってきたのだという。

山村の政治への働きかけ

「山村の新しい経済モデルを創っていくには、イメージを共有し、賛同してくれる人たちを増やしていかなければならない。一緒にやりたい、と協力してくれる人たちがいなければ無理だ。同時に、地元の人たちが自治力を養っていく必要がある。イタリアの戦後のような、えせ民主主義ではなく、本物の民主主義だ。農村に新しい民主主義を育てながら、町づくりをしていくことが大切なんだ」

ダニエーレが、古民家の改修以上に苦労してきたのは、小さな山村の政治への働きかけだったという。ある記事には、アルベルゴ・ディフーゾによる村おこしは、社会活動というものが市民生活の中に深く浸透している文化圏、ミラノ育ちで、北欧の血を受けた男だからこそできた快挙と書かれていた。しかし、本人は、「記事で褒めてもらったほど、積極的に切り込んだというわけでもないよ」と言葉を濁す。

山村の宿の主人が、セメント会社の末裔の御曹司と聞けば、つい、冷徹でビジネスライクな人物像を思い浮かべるのは、ある種の刷り込みだろう。白状すれば、本人と直接、話すまでは、私もまた半信半疑だった。経済的な興味からの投資かもしれないと、どこかで疑っていた。

しかし、イタリアの山村の現状を知れば知るほど、とても、そんな動機ではかかわれない世界であることもわかってきた。

相手に高圧的な態度で接することはないし、誰に対しても、大学生のようなフランクな口調で通す。そんなふうにして、村の人たちとも、まずは友だちになりながら、少しずつ説得を試みたのだという。

開業の三年前、二〇〇二年に発表した「サント・ステファノ・ディ・セッサニオの価値を高めるための共同宣言」からは、その頃、彼が考えていたことをうかがい知ることができる。

その短い書面には、ダニエーレの署名とともに、グラン・サッソ国立公園、及びモンティ・デッラ・ラガ国立公園の所長、当時の町長の署名がある。

そして村人と共有すべき、村の三つの価値について言及されていた。

サント・ステファノ・ディ・セッサニオの景観と環境における際立った価値。それは、動植物とともに極めて豊かな生態系を保っている農業と牧畜が作り上げた景観である。

サント・ステファノ・ディ・セッサニオの歴史的、民俗学的価値。それは、カラペッレの封建領土として、羊の移牧と羊毛の加工・商品化を基礎とした中央アペニン山脈の山岳地帯の経済が生み出したものである。

サント・ステファノ・ディ・セッサニオが、グラン・サッソ及びモンティ・デッラ・ラガ国立公園の中に位置することの価値。これによって、その保護地域における自然、歴史、工芸といった遺産を守り、プロモーションしていくことができる。

皇帝の原っぱ

カラペッレの封建領土とは、皇帝の原っぱ《カンポ・インペラトーレ》と呼ばれる雄大な放牧地と、その周辺に点在する城塞集落を含む地域のことだという。それは一二世紀、シチリア王国がこの一帯を治め、羊毛産業の最初の発展に寄与した時に生まれたそうだ。その土地は、封建制度が廃止される一八〇四年まで、シエナのピッコローミニ家やフィレンツェのメディチ家など様々な農耕貴族の手にわたり、地域の経済を支える羊毛産業の舞台となった。

その後には、この三つの価値を高めるために守るべきことが詳細に説かれていた。

まず、この村と、その地域における特徴的な集落の価値を伝えていくこと。あの隣家との境界さえも曖昧な、山の斜面に造られた独特の民家のことである。それは、日本人がよく口にするプライバシーを重んじる西洋人の住まいについての思い込みが脆《もろ》くも崩れていくような民家のかたちであり、地中海的な南イタリア特有の暮らしぶりでもあった。

書面には、その価値についてこう書かれていた。

「それは歴史的にも、建築学的にも、民俗学的にも、また環境という面においても、村の価値を伝え続ける真の歴史の証人である」

なぜ、こうも価値を連呼するのかといえば、長年、この村の民家は、村人たちにとってずっと貧しさそのものだったからだ。今も多くの老人たちは、そう感じていた。エアコンも床暖房もなかった昔には、住みにくいこと極まりなかった。しかし、そこに快適に暮らせる技術を導入すれば、自然素材だけを使った古民家は、これからのエコな暮らしの最前線にさえ立てる。

さらに、その民家が、博物館のような鑑賞の対象として残るのではなく、生きた生活の場であり続けることの大切さや、村を取り巻く農村風景、農業や農産物を守っていくことの重要性についても触れられていた。

公的文書は国を問わず読みづらいのが常だが、堅い「共同宣言」の中で、ダニエーレの意図は、次の項目を読めば明確だった。

「共同体の文化的遺産を建設する場合、ここで確認された価値を守るように努めること」

「この村の建築的、環境的価値を侵害するものは、直ちに撤去すべきこと」

「個々の不動産の個性と質を脅かす、あらゆる行為に注意を払うこと」

つまり、彼は、自分たちが空き家の修復にあたって、決して村の価値を貶《おとし》めるようなことはしないと宣言しただけでなく、それとともに同じ目標に向かって協力してくれるよう、村人たちの同意を求めていた。

さらに村で記者会見を二度行い、新しい観光についてのシンポジウムも開いた。

経済活動と自然との共存

そして、もう一つ、この「共同宣言」が大きな意味を持つのは、そこに国立公園の責任者が名を連ねていることだ。村と国立公園が足並みを揃えて、観光による発展を試みることが謳われ、こう書かれていた。

「国立公園の特色である美しい自然と融合するような人々の生活空間の価値化を試みること」

ダニエーレが、この文面の意味を解説してくれた。

「イタリアの国立公園は、アメリカのそれとは違って、その領域の中に村が点在していて、昔からの人々の暮らしがある。だから本来ならば、国立公園の規約にも明記されているように、農薬を使うことも禁じられていれば、生態系や景観を壊すような建物も建てることはできない。国立公園内の伝統的な住居も、保護の対象だからね。法律できちんと、そう定められているんだ。最初は、僕らが、その国立公園法に反して、おかしな修復をするんじゃないかと疑っていた人たちもいた。彼らは、村人たちへのお披露目の時にできあがった部屋を見て安心してくれた。

でもね、その国立公園法で定められていることを、村の誰もがしっかりと自覚し、納得しているかどうかは、また別問題だ。たとえば、村の周辺の農地にトタン屋根の道具小屋なんかが建ってしまったら、この一幅の絵のような景観の価値は限りなくゼロになる。

村の人が、自分たちの過去や生活を、ただ貧しい暮らしだと考えるから、そういうことが起こる。これを文化遺産として捉え直したこともなければ、その価値にも気づいていなければ、そういうことが起こるんだ。

政治の役割は、本来、それを村人に伝えることだろう。ところが、戦後もどんどん人がいなくなってしまったこともあって、南部の地方自治もまた弱体化していた。でも、政治の立て直しは、地域の活性化にはとても重要なんだ。

まあ、そういうこともあって、かなり疎まれたんだろうけどね」

話を聴けば聴くほど、ダニエーレの山村への愛情には疑念の余地がなかった。ひょっとすると、その情熱的な態度に、自分なりのやり方で故郷を愛してきた村人たちの中には苛立ちを覚えた人もいたのかもしれない。古い新聞記事には、村が金持ちの社交場になるのはごめんだ、と答えていた村人もいた。

当時の苦労話を引き出そうとすると、ダニエーレの口が重たくなる。若い頃は、口論の末に殴られて、鼻の骨が折れたこともあったという。

「彼らの不安はよくわかるよ。でも、僕がここへ来る前から、村の空き家化、別荘化は悲しいほど進んでいた。実家を都会の人に売ってしまって別荘ばかり増えても、夏やスキーのシーズンには来ても、残り八ヶ月間はずっと空き家では、村の経済にはほとんど貢献しない。そうなったことで閑散としてしまった山村が、イタリアにはあまりにも多い。村には若い人たちの新しい仕事が必要だし、年中、そこに暮らす人たちが増えないとね」

野生の狼が生息する国立公園

ここで、アブルッツォの国立公園についても、少し触れておこう。

サント・ステファノ・ディ・セッサニオ村は、グラン・サッソ国立公園の中にある。グラン・サッソというイタリア語は、大きな岩を指している。

それは、イタリアの背骨と呼ばれるアペニン山脈の一部に位置している。アペニン山脈は、フランスとの国境に近いジェノヴァの北部から、南はブーツのつま先のカラブリア州まで、イタリア半島の真ん中をその背骨のように伸びる約一二〇〇キロに連なる山脈地帯だ。その二九一二メートルの最高峰が、グラン・サッソ国立公園にあるコルノ・グランデだった。この公園には、ヨーロッパ最南の氷河もある。

公園の南には、標高一八〇〇メートルの広大な高原、皇帝の原っぱ《カンポ・インペラトーレ》が拡がっている。この高原が、大のお気に入りだったという神聖ローマ帝国の皇帝フェデリコ二世がその名づけ親とされ、幅八キロ、奥行き一八キロにわたって拡がるその高原では、古代から羊の放牧が続いてきた。青く晴れわたった日には、珍しい高山植物が咲き乱れる雄大な高原で、羊や牛の群れがのんびりと草を食《は》む光景に出会うことができる。

お隣のモリーゼ州やラツィオ州にまたがるこの国立公園の広大なブナの原生林は、二〇一七年、他州のそれとともにユネスコの世界自然遺産に登録された。

それ以上にアブルッツォ州の森を世界的に有名にしているのは、今もイタリア狼が生息していることだ。シチリア島など各地で絶滅したイタリア狼が、近年も四〇家族ほど生息していることが確認され、イノシシなどを餌に、その個体数も回復傾向にあるという。

在来のマルシカヒグマも何とか生き延びている。主に木の実などを食べる比較的おとなしい熊で、個体数は約五〇頭にまで減った。これまでに密猟や交通事故で一一〇頭以上の死亡が報告される中、絶滅が危惧されている。その他にもカモシカ、オオワシ、高山に生息する希少な蝶アポロウスバシロチョウなども生息している。

そんな雄大な自然の中に、小さな山村が点在している。アブルッツォ州では、二〇一五年、全人口の約四二％にあたる約一三万人が山間地に暮らしていた。

つまり、絶滅危惧の希少な熊や狼も生息する山間地に、人の経済活動がある。

自然保護とエコロジカルな社会の発展の両立を模索していく上で、これからの新しい観光を考える時、アブルッツォの山間地は、観光大国イタリアの中でも最も興味深い地域として注目されていた。

景観を守るための法律

イタリアの国立公園は、厳しく守られているアメリカのヨセミテ国立公園のような自然保護地区——その領域の九〇％には人も住めない——とは、かなり事情が違う。山岳地方には大昔から村が点在し、人々の経済活動が存在していた。その中で、希少な動植物が絶滅の危機に追いやられていることを危惧した学者たちの尽力で生まれたのが、イタリアの国立公園である。一九二三年のことだ。

最初にアペニン山脈の豊かな生態系の保護を呼びかけた一人が、フルコ・プラテージだった。六六年、世界自然保護基金（ＷＷＦ）のイタリア支部を発足した人物だ。その彼が、七〇年代、「緑の背骨」というシンポジウムを開く。

そして彼は、狩猟や釣りについては、早急に何らかの規制を設けるべきだが、厳格な規制派には反対で、この山間地に昔から暮らしてきた人々の伝統に学び、自然保護と共存できる新しい観光開発は可能である、と主張してきた。

八五年には、時の文化環境財省の政務次官で、ナポリ出身の歴史家ジュゼッペ・ガラッソ教授によって、景観を守るための風景計画、通称ガラッソ法が制定される。

その背景には、自家用車の普及、工場誘致による公害問題、マス・ツーリズムに伴う海岸部や山間地の乱開発などに伴って、国土に拡がった危機感がある。八〇年には、現在一一万五〇〇〇人の会員を持つイタリア最大の環境保護団体、レーガンビエンテも生まれた。

ガラッソ法には、自然環境の保全だけでなく、歴史的環境や街道の保全、視界の保護、開発事業と建築物への規制が盛り込まれた。それは海岸線、岬、湖沼岸から三〇〇メートル以内とアルプス山系の一六〇〇メートル以上、アペニン山系と島の海抜一二〇〇メートル以上、氷河、カール、森林、国立及び州立公園、保護区、公園周辺、火山、考古学地域のすべてを、その規制の対象とする画期的なものだった。

だが、法律ができたからといって、地方分権のイタリアでは、そう一律にはことが進まない。独立州であるシチリア州や北部のアルト・アディジェ地方などでは、すでに厳格な条例化が進んでいたが、国の号令を受けて翌年の期限までに計画立案の承認にこぎつけたのは、それまでにも議論を深めていたエミリア・ロマーニャ州、リグーリア州、ヴェネト州、そして南部では唯一、アブルッツォ州だけだった。

「国立公園だから、本来ならば、妙なものは一切、造れないんだ」

ダニエーレが、繰り返したその言葉の意味がよくわかった。


ところで、このガラッソ法の流れを受け、イタリアの環境省は九一年に自然保護法を定め、保護区域を国土の三%から一〇%以上に拡大した。

そこには風景を破壊する恐れのある要素の排除、経済開発や産業開発と共存することができる風景保護、といった文言が並んでいる。

さらにEUは、自然保護区で守るべきもののリストを作成、各国と情報を共有しながら、方針を決定するネットワークを築いていく。二〇〇五年には、自然保護地区を約一万八〇〇〇地域、EU全面積の一七・五%にまで拡大。それらの自然保護区は、原則として人間の活動を排除するものではなく、自然保護と人間の活動の調和をはかることが求められるとした。

そうした大きな環境意識の変化の中で、ダニエーレの村再生のプロジェクトは世界に注目され、むしろ州外、海外の人にまず支持されたのだった。

第三章　支配人は民俗学者

九月だ、行こう。移動の時だ。
アブルッツォの大地で、私の羊飼いたちは
羊小屋を離れ、海を目指す。
荒々しいアドリア海へと降りていく。
山の牧場のように緑に満ちているから。

彼らは山の泉でたっぷり喉を潤した
その故郷の水の味が、
旅する心の慰めとなって、
渇きを紛らわせてくれるようにと。
ハシバミの杖も新しくして。

高原の古い移牧の道をいく。
まるで静かな川のような草の道を。
いにしえの先祖たちの足跡をたどりながら

ああ、あの声はまっさきに
海のゆらめきを見つけたんだ。

いま岸辺にそって歩く羊たちの群れ
空気はそよともしない。

太陽は羊の毛を金色に染め、
もはや砂と見分けがつかない。
波のささやき、足音、優しい響き

ああ、なぜ私は、私の羊飼いたちと
ともにいないのか。

港町ペスカーラは、詩人ガブリエーレ・ダヌンツィオ（一八六三〜一九三八年）が生まれた町で、その生家も残っている。
第一次世界大戦への参戦をめぐって強いナショナリズムを鼓舞した作品が、ムッソリーニのファシズム政権に大きな影響を与え、ジョイスや三島由紀夫も感化されたという詩人だ。また、シチリアに連合軍が上陸し、政局が危うくなったファシズム政権がムッソリーニを幽閉したホテルが、皇帝の原っぱで今も営業を続けている。詩人は、ファシズム政権の拠点だった北部ガルダ湖畔のサロに大邸宅を構えていたが、この高原をムッソリーニが選んだのも詩人へのオマージュではないかと言われている。

そのダヌンツィオが、アブルッツォへの郷愁を描いた「羊飼い」という詩は、イタリアでは小学校で誰もが教わる作品で、歌にもなっているそうだ。

羊毛産業の拠点

その生家の向かいにあるのが、「アブルッツォ民俗博物館」だ。一五世紀の要塞跡を、ブルボン王家が兵舎に改装した建物の再利用で、決して大きくはない。地元の文化人たちの尽力によって一九七〇年代に生まれた手作りの博物館で、アブルッツォの七〇万年の歴史を壮観できる。みどころは、戦後まで山岳地帯の経済を支えた羊の移牧についての展示だ。

案内してくれたのは、民俗学者のヌンツィアだ。金髪を短く切った、四〇歳になったばかりの彼女は、かつて、ここの学芸員をしていた。

「羊飼いの移牧といえば、孤独なイメージがあるでしょう。でも、トランスマンツァと呼ばれるこの地域の移牧は、時には家族全員で移動した。暖かい季節、プーリア州の沿岸部だけでなく、いろんな周辺地域から、高原の牧草を求めて羊を移動させた。スケールが違うの。トラットゥーロと呼ぶ移牧の道も細い道じゃなくて、幅が四〇メートルから一〇〇メートルもあるのよ。カラペッレの封建領土からプーリアの海岸線までの一番長い道は二四〇キロあるから、家族で二週間くらいかけて大移動した。

途中、羊に草を食べさせている間は、たっぷり時間もあるから、杖やタバコ入れに動物や魔除けの彫り物をした。ここの展示は、実際に移牧をしていた長老たちに寄贈していただいたものなのよ」

「アブルッツォ民俗博物館」を案内してくれたヌンツィア

それを聞いて初めて、ダヌンツィオの詩のハシバミの杖の意味がわかった。移牧の旅の無事を願って魔除けの文様を彫り込んだのだ。

そして、カラペッレの封建領土を手にすることは、羊毛ビジネスのへそを押さえることと同義だった。この封土を買い、原産地を掌握することで、メディチ家も、その恩恵に浴した。一六世紀後半から一八世紀半ばまで、メディチ家はサントステファノ・ディ・セッサニオ村を羊毛産業の拠点とし、ここで買い付けた羊毛を、フィレンツェで北部の羊毛と混合し、ヨーロッパ中に売りさばいていた。

宿専属の民俗学者

ヌンツィアは、村の再生プロジェクトの重要人物だった。なぜなら、彼女は、「セクスタンティオ」の支配人を任されていた。

最初にダニエーレに会ったのは二〇〇五年で、あるシンポジウムのパネラー同士だった。

「それからしばらくして、ダニエーレに、アルベルゴ・ディフーゾで働かないかと誘われたの。地元のお年寄りに聞き取りをして、農家の食文化やものづくりについて調査したいという。やり甲斐がある仕事だと思ったわ。学者として調査するだけではなく、調べたことを、地元の新しい経済にするために、様々な商品化まで提案していく。文化をもっと価値の高いものに変えていく、すばらしい仕事だなと思ったの」

こうして、ヌンツィアはまず宿専属の民俗学者として働き始めた。

本名はアヌンツィアータ・タラスキ、テラモ郊外の小さな村トッシチーアで生まれた。

「私は一人っ子で、両親との関係はずっと良好だけど、私が子供の頃に離婚してね。双方の祖母たちによく面倒を見てもらったせいか、お年寄りと話すのが得意になったの」

ウルビーノ大学の民俗学科を卒業し、院生の頃は政府のプロジェクトに加わり、アブルッツォ州とエミリア・ロマーニャ州の老人たちの聞き取り調査をした。

『聖アントニウス　炎と動物、イタリアの美術』という卒論も本になり、『テラモの伝統料理』という本も出版していた。三〇歳の時、「アブルッツォ民俗博物館」館長エルマンノ・ポンペイスにその才能を買われ、博物館の調査員として二年間、働き、アブルッツォ州の祭り、職人、農家の食文化についての聞き取り調査をした。その間、ある数学者と結婚したが、孤独癖の強い人だったそうで長くは続かなかったのだという。

二〇一三年には、英国の旅行作家エステッラ・カンツィアーニの旅から一〇〇周年を記念し、その痕跡をたどりながら、伝統を受け継ぐ現代の農家や職人を紹介する『アブルッツォ　一〇〇年後の旅』を写真家とともに出版した。英語でも読めるこの本は、これまで知られていなかったアブルッツォ州の山岳地帯の文化を世界に伝えることにも貢献していた。

エルメスでもプラダでもない、ブランド品

ダニエーレは、空き家の修復を始めた頃から、「アブルッツォ民俗博物館」との協力体制を作ってきた。一九世紀末の農家の部屋を再現するにあたって相談に乗ってもらっただけではなく、

ハーブティー専門店のジャンナ

博物館からは機織《はたお》り機が何機も貸し出された。

そういえば、数年前、村のハーブティー専門店に入った時には、奥に機織り機が並んでいて、店を任されているジャンナが客のいない間はずっと機織りをしていた。隣村出身の彼女は、宿ができると、この村で伝統刺繍《ししゅう》の店を開いたが、やがて、ダニエーレに誘われて宿で働くようになり、幼い頃から母親がするのを目にしていた機織りを始めた。

ヌンツィアが教えてくれた。

「長い歴史の中で羊毛が、この村と地域を支えてきた。高原地帯で放牧する焦げ茶色の羊のカルファーニャという羊毛は、この地域の特産物だった。暖かくて丈夫なカルファーニャは、軍服や修道士の僧衣として、とても需要があったの。封土を買ったシエナのピッコローミニ家やフィレンツェのメディチ家が、これを産業として育て上げた。今では、すっかり希少になったから超がつく高級品だけどね。

羊毛と機織りは、村の産業として象徴的なものだから、ダニエーレは宿を始めるにあたって、その伝統文化の復活を目指したの。

私たちが調査を始めた頃は、もう数人しか機織りができる女性たちは残っていなかった。

一九五〇年代までは、村中のどんな家でもやっていたのにね。でも、仕方ないの。朝から晩まで働いても、できたものが生活できる値段で売れなければ、続けていくことはできないでしょう。だからまず、自分たちがお年寄りたちに技術を習った。そしてホテルのすべての部屋のベッドカバーを、地元の女性たちに織ってもらった。どれも農家の伝統的な柄よ。

だから私は、お部屋に案内する時に、必ずお客さんに言うの。

これはプラダでも、エルメスでもありませんが、一枚一五〇〇ユーロもするアブルッツォのブランド品です。美しい高原で放牧された羊たちの毛で、地元の女性たちが織った本物のサント・ステファノ・ディ・セッサニオのブランド品です。このベッドカバー一枚を織り上げるのに一ヶ月もかかっているのですって。

売れなければ作ってもらえないし、技術も途絶えるから、お客さんには、それを八〇〇ユーロで売ったの。だから、この宿はコストのことだけ考えれば、真似ができないような実験的なプロジェクトなのよ」

しかし、その頃、教わったお年寄りも一人減り、二人減りして、技術を伝える人たちが指で数えるほどしかいないのが気がかりだという。羊毛のベッドカバーに限らず、宿で使われているものは、

伝統的な柄が織り込まれたホテルのベッドカバー

どれも後継者がいなかったことで、なくなりかけた地域の文化なのだそうだ。

「お部屋に置いている石鹸も、ガラス瓶入りのシャンプーも、六時間でも煙を出さずにゆっくり燃えるロウソクも、みんな地元の職人たちが作ってくれているのよ」

宿と民俗学者という画期的な組み合わせ

ある時、レストランの食事に付き合ってくれたヌンツィアが、シンプルなきなりの陶器を手にとった。ろくろをひいたうねりがよく手に馴染む。

「この陶器、とても素朴でしょう。これも農民たちの日常使いの器だったから、その貴重さを誰にも気づかれずにきたの。

ここから七〇キロくらいのカステッリという町は、一七世紀頃から陶器の町として栄えてきた。彩色の絵皿や壺が有名だったけれど、その需要がどんどん減っていく中で、一九七〇年代、石膏を固めるという半レディメイドの量産体制に切り替えることで生き残りをかける工房が増えた。でも、行って調べてみたら、日常使いの器を、ろくろをひいて作っている工房が二つだけ残っていたの。感動したわ。

私が大好きなのは、ヴィンチェンツォ・ディ・シモーネという九〇歳近い職人さんで、彼の工房は町の歴史そのもの。一五歳で弟子入りして、名工ルイージ・ディ・アンジェリスの工房で修業した。この陶器が希少なのは、本物の手作りというだけではなく、素材の粘土も、釉薬も、みんな地元のものだけで作っているのよ」

その陶器、石鹸、ロウソクは、レセプションやハーブティー専門店で販売されていた。

こうして忙しい支配人に話を聴けたことで、私は、その価値がかなりわかってきたものの、部屋には、これらを解説するパンフレット一枚、置いてあるわけでもなかった。興味のある人だけ、レセプションに並んだ本を覗いてください、というスタンスだ。部屋に余計なものは置きたくないし、押し売りはしたくないのだろうが、これでは、その価値にも、彼らの見えない苦労にも気づかず、素通りしてしまう客も多いだろうと思うと、少し残念だった。

地元の陶器と石鹸

それにしても、宿と民俗学者という組み合わせは画期的だった。地域の文化を育て、発掘する場としての宿という位置づけが、より明確になるし、その発想は、日本の木造旅館や農家民宿にも刺激を与えてくれる。宿が、地元の博物館や民俗学者、歴史家たちとタッグを組んで、深く地域の文化を掘り下げることで、面白い差別化ができるだろう。同時に、ホコリを被ったような民具が雑然と展示された博物館も、もっと生きた空間に変えていくことができそうな気がする。

こうして、二〇一四年、当時の支配人が辞任したことで、その後を引き受けることになったヌンツィアは、お年寄りの聞き取り調査も一段落し、今では、結婚式の団体客の世話から、怪我をした客のアテンドまで、忙しく走りまわっていた。

「ホテルの支配人って本当に大変。やり甲斐はあるけれど、本を読む時間がなかなかとれなくなったのは残念ね。またいつか、ゆっくり研究して本でも書きたいけれど」

運営を手伝いながら様々な局面をそばで見届けてきたヌンツィアはまた、ダニエーレの最も心強い擁護者の一人でもあった。地元にはなかなか理解してくれず、陰口を叩くような人もいただろうと訊ねてみると、彼女は、啖呵《たんか》でも切るようにこう言った。

「ほうっておけば消滅しそうな自分の村を再生させようとすることは、今のイタリアでは、本当にすばらしいことよ。でもね、ダニエーレは、自分の村でもないのに、よそからやってきて、これを実現した。年金生活のお年寄りしかいなかった町に、今では、若い人も戻ってくるようになった。誰にでもできることではないわ。

カンパニリズモの強いイタリアで、それをやり遂げるということは、もっと大変だし、もっと偉業なの」

ダニエーレが倒れたら、ヌンツィアが村に彫像を作ってくれそうだ、とからかうと、「そんなセンスの悪いことはしないわよ」と言って笑った。

山村から人々が消えていった二つの理由

なぜ、イタリアの山村から人々はいなくなってしまったのか。

二〇一九年、ダニエーレのことを描いたドイツの短編ドキュメンタリー映画『ノストラ・ピエトラ（我らが石）』（アレッサンドロ・ソエッジ監督）が公開された。セリフの少ないその映画の中に、忘れられない村の古老の言葉がある。一〇一歳になる長老は、この時、都市に暮らす息子夫婦と同居し、村を離れて久しかった。耳が遠くなった老人に聞き取りをするヌンツィアが、こう訊ねる。

「アントニオ、この家と山の家、どちらがいい？」

すると、老人は、山の家では、一階には台所、二階に一部屋しかない窮屈なところに大家族が暮らしていた。ここにあるような快適さは何もなかったと言い、こう呟《つぶや》く。

「あそこにあったのは、悲しい、悲しい、悲しい暮らしだ。君には、夢にも想像できない貧しさだ。もう何が何だかわからない。飢えて人が死んでいく。食べものがある者は食べ、ない者はそれをただ見ているしかなかった……」

今は亡き古老の言葉は、なぜ、美しい山村から人が消えてしまったのかを如実に物語っていた。

山の村は、彼にとって飢餓の辛い記憶そのものだった。

なぜ、この山村から人が消えてしまったのか。

ダニエーレは、そこに二つの要因を指摘した。

「根本的な要因は、まず一〇〇〇年以上にわたって村の経済を支えてきた羊の移牧文化が廃《すた》れていったことだ。そして、もう一つは、イタリア統一と戦後の工業化社会への移行による農村社会の衰退だ」

村の空き家を買うにあたって、アブルッツォ州の山岳地帯の歴史について書物を読み漁ったという。今は、その頃のように記憶力も鮮明ではなくなったけれど、と言いながら、村の歴史について教えてくれた。

「様々な発掘調査から、先史時代の人類の痕跡が発掘されて、鉄器時代の糸巻きも見つかっている。古代ローマ帝国の頃には、もう羊毛の産地として知られていた。中世になると、ベネディクト修道士たちが住みついたことで、羊の放牧と小麦や豆類を中心にした農業が、地域の産業として育っていく。そして一二世紀にシチリア王国の領土となった。

大規模な羊の移牧《トランスマンツァ》が始まるのは、一五世紀頃からで、高原地帯から海岸部までの移牧が定着していく。そして、この地を開発したピッコローミニ家が、どこかの教会建築でお金を使い過ぎて、メディチ家に売却された。それから約二〇〇年、メディチ家は、村を拠点にして羊毛ビジネスを展開した。その時代が、経済的には村が一番潤った時期だと言われている。そこで中世末期からルネサンス末期には、今の村の原型ができた。

　ところが一九世紀に入って封建制が廃止され、土地の所有制度が整ってくると、自由に往来ができなくなる。トランスマンツァは一気に廃れていった」


　メディチ家が拠点にしていた時代、どのくらい活気があったのかと調べてみた。すると、一四世紀には、この地域で放牧されていた羊は約一〇〇万頭だったが、一族が商った一六世紀には、約四〇〇万〜五五〇〇万頭に増えたのではないかという。

　現代の生態学者には、環境に負荷をかける過放牧と非難されるところだが、それもまた経済的繁栄というものの一側面だった。その頃、サント・ステファノ・ディ・セッサニオ村の人口は約一四〇〇人だった。

　封建制の廃止によって、放牧羊の数は五〇万〜一〇〇万頭に戻るが、その後もしばらく、この地域では、羊の放牧と農業だけが生活の糧であり続けた。鉄道でのアクセスが極めて悪く、「陸の孤島」「イタリアのチベット」と呼ばれてきたからでもあった。

　一九二〇年代になると、港町のペスカーラが東方との貿易によって急成長し、一方、山間地の首都ラクイラからは羊毛産業の衰退によって人が減っていく。やがて安価な化学繊維が出現し、手間のかかる羊毛の需要はさらに減っていった。

だが、羊毛産業の衰退にも増して、山村にダメージを与えたのは、戦後の政策だったのだとダニエーレは言う。

「そこに追い打ちをかけたのが、一九五〇～七〇年代の工業化社会への移行だ。南部では、国策としての工業化がうまくいかなかったこともあって、たくさんの人が北部の工業地帯や外国へ新天地を求めて出ていった。同時に進んだ都市化の波に飲み込まれるようにして、この地域の山村から若者たちの姿が消えてしまった。

皮肉なのは、その劇的な人口流出によって、この地域には中世の面影を残した山村の姿が、奇跡的に残ったとも言えることだ」

最も人口流出した村

村の人口減少について詳しい数字がないかと、役場を訊ねてみた。

するとさすがは、人口一一〇人の村である。平日の午後の役場では、隣の村から通っているウーゴ・デリという人がたった一人で電話の対応に追われていた。

そこで思いがけない事実を知った。この村は、アブルッツォ州の山岳地帯の中でも最も劇的な人口流出を経験していた。

ウーゴは、村の人口推移を示すグラフを手に、丁寧に解説してくれた。

「町の人口が最も多かったのは、一九〇一年のことです。この小さな村に一四八九人が暮らしていました。今では想像がつかないでしょうが、狭い路地が村人と羊で溢れていたそうです」

一八六一年のイタリア統一後、政府が施行した都市計画法によって城塞集落の城壁内には農民たちが暮らすことになった。同時に、農地の宅地化が進み、周辺にも住宅地が拡がる。また、衛生概念の普及とともに死亡率が低下したことなどから、一九世紀末には、イタリアの農村人口は一気に膨らんでいった。

役場の唯一の職員ウーゴ・デリ

その頃、皇帝の原っぱでは、約一〇〇万頭の羊が放牧されていたが、問題は、その市場を失ったことだった。地域経済を支えてきた羊毛産業が急速に衰退する中、仕事もなく、急激に増えた農村人口を支えるだけの食料も村には足りなかった。

「そこで一九一一年までの約一〇年間で、村の半数近い人々が生活に困り、仕事を求めて移民しています。この時には、その多くが外国へ移民していますね。六割以上がアメリカで、残りはブラジル、アルゼンチン、スイスなどです」

一〇一歳の老人が訴えた辛い思い出は、その頃の幼い記憶に根ざしていた。

移民の流れは、その後も続く。一九一五年、アブルッツォ州では震度七の震災が起き、各地で約三万人もの死者を出した。この地震の影響で、イタリアから約五〇万人が海外へ移民した。二つの世界大戦を終え、村に平和が戻った一九五一年には七九一人になっていた。

そして、第二次産業革命と呼ばれる五〇～七〇年代の急速な工業化社会への転換期が訪れる。戦後、イタリアも日本と同じように国民の六割以上が農家で、南部では、もっと高い割合だった。ところが、国策として工業化が進められる中、アブルッツォ州で国の補助金が投下されたのは、ペスカーラ周辺の工業化と観光化ばかりだった。

また、テレビのようなメディアの普及も相まって、多くの山村の農民たちは、日曜日には休みもとれて、電化製品に囲まれた快適で、刺激に満ちた都市の暮らしに憧れを抱くようになる。こうして農村から都市への劇的な人口流動が起こる。農山村でも、工業従事者やサービス業への移行が進み、食を支える農家や漁師は、国民の五～六％と少数派となっていく。

ウーゴは淡々と続けた。

「その頃には、ドイツやスイスだけでなく、ミラノ、トリノ、ローマといった国内の都市部への移民が目立っていますね」

六一年には四〇四人、七一年には二四六人と減少し、その後は、日本と同じように、じわじわと高齢化が進む。少子化もイタリアでは、九〇年代から、その傾向が加速する。

二〇〇一年には、イタリア全体の六五歳以上の割合が一九％だったのに対し、サント・ステファノ・ディ・セッサニオ村では、すでに四一・五％を占めていた。一四歳以下の子供の割合は、イタリア平均の一四・二％に対し、五・九％。

同年、村の人口は一一一人にまで減少した。最盛期と比べれば、実に九〇％以上の人口減少率だった。日本ならば、この村は、究極の消滅危惧集落とでも呼ばれるのだろうか。


もっとも、人が多過ぎて食糧難から海外への移民が増えた時代は、村の最盛期ではないだろう。日本でも、危機的な状況を伝えるためか、人口が最も多かった時代とよく比較されるが、そこにはあまり意味がない。ただ否定できない事実は、人口減少が深刻と言われ続けたアブルッツォ州の山岳部でも、この村は、その現状を先取りする高齢化の村だった。

しかし、ウーゴは決して悲観などしていなかった。

「幸いなことに、住民登録している村人の数は、二〇一一年頃から一一〇人くらいを維持しています。二〇一六年の調査では、一一三人、六三世帯です。もっとも、寒さが厳しい冬も含め通年、暮らしている人は六〇〜七〇人だと思いますが」

つまり、日本人が活性化の物差しとして重要視する人口という数字だけを見るならば、サント・ステファノ・ディ・セッサニオは、再生したとはとても言い難かった。

するとこちらの神妙な表情を見てとったのか、ウーゴが続けた。

「ただ、この村は、数字だけでは測れないところがあるのです。この村はちょっと特殊で、あまりに人口減少がひどかったので危機感が募り、七〇年代に、存続のための苦肉の策として別荘地化を意図的に進めたといういきさつがあります。自然を愛する都会の人たちにとっては格好の避暑地で、ウインタースポーツの愛好家にも理想的です。ローマ人たちの別荘が増えたことで、八〇年代には、村の観光化への方向転換も始まりました。たとえば『薔薇の名前』（ジャン・ジャック・アノー監督　八六年）や『明日を夢見て』（ジュゼッペ・トルナトーレ監督　九五年）といった映画のロケ地にもなったのです」

四〇年をかけてのインフラ整備

ダニエーレが一九九〇年代末、村にやってきた頃には、空き家の割合が七五％に達していたという。現在はどのくらいだろう。

「空き家の数ですか？　そうですね。普段はほとんど住まず、別荘代わりにしている住民も多いですし、こういう造りですから、正確な数字はわかりづらいのです。別荘がだいたい三〇〇軒くらいでしょうか。間違いなく、圧倒的大多数です。ですから廃村という表現は正しくありません。ただ、アルベルゴ・ディフーゾができる前は、新しい経済活動を始めたり、村の行事を維持するには、とても困難な状況にあったのは事実です」

ウーゴはまた、かつて「陸の孤島」と呼ばれたアブルッツォの山間地に、近年、明るい光が指すような大規模なインフラ工事が完成したことも教えてくれた。

ローマからラクイラを経由し、アドリア海側のテラモまで抜ける全長一六六・五キロの高速道路である。両側を山に見下ろされた谷間の道路の一部は、ローマ帝国によって建設された街道だったという。そして工事最大の難所だった国立公園の山の下に長いトンネルを掘る工事は、一九六九年に着工し、ほぼ四〇年の歳月をかけて、二〇〇九年にようやく開通していた。そのことで首都ローマからのアクセスは劇的によくなった。

この壮大な工事に絡む環境運動家との攻防を調べ始めるとキリがなかったし、今後はむやみやたらと、鉄道を走らせ、道路を造る時代でもない。しかし、空港から一時間半で、この絶景の中に身を置くことができるという恩恵に浴してみると、インフラ整備のありがたさも実感する。アブルッツォ州が、近年、山の集落の保存や観光化に力を注いでいるのも、明らかに、この道路開通の効果だった。

珍しく若返った山村の一つ

最後に、役場の職員として、ウーゴは、ダニエーレの宿のことをどう思っているのか訊ねてみた。

「その宣伝効果は明らかです。彼のアルベルゴ・ディフーゾができるまで、ここはあまり知られていませんでしたから。ローマやラクイラといった都市の人だけが通う別荘地で、村の出身者が、年に何度か両親の顔を見に戻る故郷に過ぎませんでした。それが今では、村人まで彼の真似をして宿を始めるようになった。新しい店もできて活気も出たのですから」

住民が相談にやってきたので、これ以上、邪魔をしては申し訳ないと引き上げることにした。するとウーゴが「あの、もう一つお伝えしたいことがあります」と呼び止めた。

「現在、この村の平均年齢は、五一・一歳で、出生率は一八%です。何が言いたいかというと、若い移住者たちがやってきたこともあって、この一〇年ほどで緩やかに世代交代が進んだのです。人口はほぼ横ばいですが、平均年齢は五六・七歳から五一・一歳に下がったのです。この村は、イタリアの山村では珍しく若返った村の一つなのです」

その言葉を聞いて、ほっとした。ラクイラ地震のパネル写真が展示されたその仮役場を出ると、目の前の広場の看板には、「サント・ステファノ・ディ・セッサニオ、アルベルゴ・ディフーゾの村」と大きく書かれていた。

第四章　時代とともに変化する美意識

「ピエモンテ人による南部への侵略」

ダニエーレは、数年前、『若きキルグレンの苦悩』という小説を出版した。

きっと村の空き家修復の苦労についても触れているにちがいないと読んでみたが、村のことは冒頭の章でわずかに触れているだけで、それは様々な女性たちとの関係を綴ったイタリア版のヰタ・セクスアリスとでも呼ぶべき奇想天外な小説だった。

ただ、その中に気になる一文を見つけた。

〝病的な眠りに落ちた山村を、これまでのような、発展や援助の名のもとに進められたピエモンテ人による南部への侵略、南部基金から工業開発に至る、侵略的な開発とは異なるアプローチ、この地に相応しいプロジェクトを提案できないものだろうか〟

「ピエモンテ人による南部への侵略」というのは何のことだろう。

それは、新聞や書籍でもしばしば目にするイタリア統一運動のことを極めて批判的に捉えた表現だった。

一八六一年のイタリアの統一は、おおまかにいえば、北部のサルデーニャ王国に、その他の地域が、次々と併合されるかたちで進んだ。中部の都市国家は住民投票によって併合されたが、南部の両シチリア王国に関しては、シチリアから上陸したガリバルディの千人隊が征服したことで一気に達成された。

名前がややこしくてわかりにくいが、このサルデーニャ王国とは、現在の北部ピエモンテ州やサルデーニャ島を領土としていた国のことで、首都はトリノだった。

一方、両シチリア王国とは、シチリア王国とナポリ王国の総称で、シチリア、カラブリア、バジリカータ、プーリア、カンパーニャ、モリーゼ、ラツィオの一部、そしてアブルッツォまでを含む南部一帯を支配したスペイン・ブルボン王朝の治める国だった。

そして統一後は、サルデーニャ王国のヴィットリオ・エマヌエーレ二世が、初代イタリアの国王に治まり、国家の政治的枠組みを練り上げたのも、初代首相カブールのようなピエモンテ人の思想家たちなら、初期の南部を統治したのも主にピエモンテ出身の軍人たちだった。

明治維新の志士たちではないが、勝てば官軍で、教科書的な歴史解釈の中では、ガリバルディ、カブール、思想的指導者マッツィーニは、イタリア統一の三勇士などと呼ばれる英雄だ。イタリアの通りや広場には至るところにその名が刻まれ、その彫像が立っている。

ところが、三人は仲の悪さで知られ、統一運動の解釈は、今も専門家たちの議論の的だ。

イタリアの統一は、日本とはかなり事情が違って、それまでただの一度も全土が一つの政治的単位となったことがない国である。

南部は当時、北部に比べて識字率が低く、法治国家への理解も、また道路や鉄道などインフラ整備も進んでいなかった。そんな背景もあって国家への帰属心が育ちにくかった南部では、ふいに課せられた徴兵制や税制への反発が、大きな混乱を招いた。

また、サルデーニャ王国の自由貿易政策が、イタリア全域に適用されたことで、南部の工業地帯が被害を被ったという指摘もあり、法的整備が整わない中で、国際貿易の渦に取り込まれたことが、南部にマフィアが巣食う土壌となったとも言われている。

経済学の分野では、当時、サルデーニャ王国は莫大な負債を抱えていたのに対し、両シチリア王国には負債がなかったことも指摘されている。

さらに南部では、土地の分配がうまく進まず、市場経済とともに新興ブルジョワ層が大農場主になっていく中で、各地で頻繁に農民の蜂起が起こった。これに対し、できて間もない政府は五万人もの軍隊を南部に送り込み、武力によって、それを鎮圧した。

そこで、今も政治的分裂の火種となっている南北格差問題の根底には、そもそもイタリア統一期にさかのぼる政策の不備や不平等があったのではないか、という指摘が、統一直後からずっと続いてきた。

そうしたことを背景に、この格差を是正するために講じられた南部への支援策の一つが、国際復興開発銀行（後の世界銀行）からの巨額の支援金を投じた、五〇年代からの南部基金だった。

ところが、南部のインフラ整備と工業化に力点が置かれたその政策もまた、七〇年代にはすでに大きな批判に晒された。南部に投下された公共投資の波及効果を吸収したのは、主に北部の民間企業で、南部の人々の所得は上がらなかったという指摘である。こうした公的資金の投下は、確かに、様々な社会貢献もしたものの、その一方で、不正入札や不正選挙を蔓延させ、南部のマフィア組織を、さらに肥大化させたと言われている。

イタリア南北問題というステレオタイプ

これまで、あまり政治的なことを口にしなかったダニエーレだが、北部出身のセメント会社の御曹司が、南部の山村に投資したというマスコミの捉え方をどう思っているのか訊ねると、「僕は南部主義者と言ってもいいくらい、南部が好きで仕方ないんだ」と言ってから、こんな話を始めた。

「よく、イタリアの南北問題を口にする人がいるだろう。工業化に成功して所得も高い裕福な北部、これに対して開発の遅れた貧しい南部が、その足を引っ張っている、なんて言う人がいる。メディアで公言する政治家までいる。

だけどね、南部が遅れていたというのは明らかに間違いだよ。たとえば、イタリア統一のずっと前、一八世紀後半から、ナポリには前‐工業化社会が、すでにできあがっていた。官営だけど、かなりの規模の軍事工場もあった。世界遺産にもなったサン・レウチョの絹工場には、労働者のためのりっぱな住居や無償教育の制度まで備わっていた。北部に遜色のない工業生産も、インフラも整っていた。だから、僕に言わせれば、北部の方が進化しているという指摘そのものが歴史の暴力で、南部への浅薄な偏見でしかない。

アブルッツォ州も、ビエッラ（羊毛産業で知られる町）のあるピエモンテ州よりずっと前から、羊毛の産地として名を馳せていた。ラクイラやテラモにも、その前－工業化社会がすでに完成していたんだ」

富める北部と貧しい南部という対照化が、しばしば取り沙汰されるようになったのは、一九六〇年代のことだ。GDPだけを比較すれば、明らかに南部の方が低く、根拠のない中傷ではなかった。それでもダニエーレは、これを断固否定し、なぜそうなったのかを考慮せず、結果だけを批判するのは不公平ではないかという。

「南北問題そのものが、単なるステレオタイプに過ぎない。僕は、そもそも、そんな政治的に作られた枠組みには興味がないな」とことわってから、たった一度だけ言った。

「かつて、イタリアが農耕文化から工業化都市へと移行していく時代に、あまりにもたくさんの若者たちが、南部の、ことに山村から故郷を捨てて出ていった。人がいなくなったことで忘れ去られてしまったような村々が、あまりにも多い。

けれど見方を変えれば、その南部からの移民たちが、北部の工業化を支えたとも言える。だから、その南部の山村を再生させるという、一つの経済モデルを作り上げることができれば最高じゃないかと思ったのさ」

そして、「そろそろ、南北問題といったステレオタイプなイタリア観から脱却すべきだよ」と念を押すと、一八歳の頃、ナポリに暮らした時のことを話してくれた。

その経験が、彼にまったく新しい視点をもたらしたという。

ナポリの大衆文化のすごさ

一九八〇年代のイタリアは奇跡の復興と呼ばれ、経済的にも上向きだった。イタリアの食文化が世界中で流行し、それに乗じて農産物や食品の輸出も伸びた。同時にミラノのファッションや工業デザインが世界でもてはやされた。

そんな好景気に浮かれるミラノに、ダニエーレは居心地の悪さを覚えた。それがナポリで暮らそうと思った動機だった。

「僕が暮らしていたのは、スパッカナポリという究極の下町だった。しかもコンチェットーナという渾名のまるまると太った女性が、ゴロツキたちを顎で使っているようなおかしな界隈だった。彼女はよく僕に、ミラノでは見たこともないような珍しい魚介料理をご馳走してくれた。僕は、そのナポリの下町で、生き返るような解放感を覚えた。

僕のような金髪のミラノ人が、ナポリの下町でいかに扱われるかという興味もあった。けれど、北の心の狭い人たちが、南部の人たちに向ける偏見とは対照的に、そこには地中海的な、より主体的で、より自発的な自由主義が息づいていた。

たとえば、ミラノでは、LGBTのようなマイノリティーの権利を主張しようと思えば、ボランティア団体がゲイパレードを企画して、社会を動かそうとするところから始める。だが、それはアングロサクソン的な自由主義から移植された文化、言うなれば北部の中産階級的な文化だとも言える。

一方、ナポリの大衆文化ときたら、そんなレベルじゃなかった。もっと逞《たくま》しく、ユーモアに満ちた庶民の文化として、マイノリティーは堂々とその権利を獲得していた。

スパッカナポリで僕が借りていたアパートの近所に、二人のトランスヴェスタイトが暮らしていた。彼らは、昼間から派手な女装をして街を闊歩する。彼らが僕のことをどう呼んでいたと思う。プリンチピーノ、王子ちゃまだよ。通りで僕を見つけると、遠くから大きな声で、プリンチピーノ、プリンチピーノと叫ぶ。そんな彼らの存在を、お年寄りや小さい子供まで、ごく自然に受け入れているんだ」

ダニエーレは、南部の人々に限りない魅力を覚えた。そして、その開放的で、ユーモアに満ちた南部の地中海的文化こそが、真のイタリア的なるものではないか、と感じた。

しばらくは、すっかりナポリかぶれだったという。

「イギリスで暮らした時も、敢《あ》えて自分はナポリ人だと言い続けた。その頃のイギリス人たちの反応が面白かった。パブでも隣で飲んでいる人とよく口論した。僕がナポリ人だと言うと、怠け者でどうしようもない奴らだなんて言い出す。

もし、ピーター・セラーズ（映画『ピンク・パンサー』シリーズで知られる英国のコメディアン）が、すみませんが、私たちの方が文化的で聡明ですよと言えば、僕もはいと引き下がるかもしれない。でも、コックニー訛りで、タイで未成年者を買ったと自慢にするような男に、ビール飲みながら言われてもね」

しかし、ダニエーレの考えとは裏腹に、イタリア北部では、八〇年代末になると〝南部はイタリア経済の足枷《あしかせ》である〟〝我々の税金が怠け者の南部に注ぎ込まれている〟などと公言して憚《はばか》らない極右政党「北部同盟」が発足され、同様の不満を抱く人々を取り込み、今も議席を増やしていた。

美意識は時代とともに変化する

ダニエーレは、いわゆる独身貴族の多拠点生活者だった。

サント・ステファノ・ディ・セッサニオ村で暮らす時は、宿の一室に滞在している。ペスカーラの郊外にも家があり、ミラノやローマにもアパートを借りていた。ホテルが暇になる季節には、ほぼ毎年、アフリカに一月近く滞在する。

それだけ聞いた時には、村に定住していないから、村の人になかなか信頼されなかったのも仕方がない気がしたし、その優雅な暮らしは資産家の典型ではないか、と思ったものだが、その実態がわかるのは、もう少し後になってからだ。


ローマには、年に三ヶ月ほど住んでいるそうで、その間は、時間さえあれば美術館に足を運ぶという。どことは決めず、気の向くままに歩く。

ある日の午後、カフェで取材をしていると、スパーダ宮へは行ったことがあるかと訊くので、一度もないと答えると、散歩がてらよく行くお気に入りの場所だからと案内してくれた。

アルノ川に並行して走るジュリア通りからすぐ、一部はフランス大使館として貸し出されているファルネーゼ宮のすぐ裏手だった。

「ローマには、ヴァチカン美術館やバルベリーニ宮殿のように、いつも観光客で混み合う美術館もたくさんあるけれど、それほど有名ではない美術館が無数にある。僕もまだ観たことがない美術館や博物館はかなりあるよ」

チケットを買って二階に上がると、ダニエーレは、看守が親しげに声をかけるほどの常連だった。壁は、まるで空間恐怖症のようにびっしりと絵画で覆われていた。

「ここは、枢機卿で芸術家たちのパトロンとしても知られたスパーダ家の屋敷だ。面白いのは、戦後、美術評論家のフェデリコ・ゼーリが監修し、屋敷の内装もほとんどオリジナルのまま残したことだ。壁にこんなふうに、ところ狭しと絵画が飾られているのは、当時の流行で、今の僕らが見ると、ちょっと息苦しいくらいだ。でも、当時の美意識はこうだった」

収集家としても知られた一族の屋敷には、グイド・レーニやアルテミジア・ジェンティレスキといった一流画家の作品もさりげなく紛れ込んでいた。

しかし、ダニエーレが見せたかったものは屋敷の中ではなく、庭だという。

さして広くもない庭園の一角に天井がアーチを描いた柱廊があった。柱がまっすぐに奥まで続いていて、その先にメルクリウス像が立っていた。

それは目の錯覚を利用しただまし絵ならぬ、だまし建築だった。実際の奥行きは九メートルほどだが、奥へ行くにつれて、柱を短くし、床もせり上がっていく。そうやって空間を絞り込んでいくことで、あたかも、その何倍も先まで回廊が伸びているかのように見せていた。等身大に見えたメルクリウス像も実物は九〇センチほどだという。

建築家の名からボッロミーニの遠近法と呼ばれていた。知られていないのかと思えば、中国やアメリカの団体がぞろぞろやってきては、柱廊の正面で撮影に興じていた。

「これは、一七世紀の建築家が設計した遠近法の遊びだ。ルネサンス以後、イタリア人の芸術に大きな影響を与えた遠近法は、幾何学によって風景を分析し、再現する手法だ。シンメトリックで完全なる調和、偉大なる芸術家たちの技……これが当時の特権階級が、好んで収集したものの典型なんだ。そして僕がサント・ステファノ・ディ・セッサニオ村の宿で表現したいものは、この対極にある美だと言ってもいいかもしれない」

合点がいかなかった。てっきり、建築家の遊び心を絶賛するのかと思っていたからだ。ユークリッド幾何学を手にした透視画法を使って描かれたルネサンスの作品群は、世界の秘密を説く鍵でも手にしたような喜びと自信に満ちていた。しかし、幻影を愛するバロック期のこの作品には、どこか人間の目の錯覚を嘲《あざけ》るような、虚《うつ》ろさがある。

ボッロミーニは古都で活躍し、いくつかの代表作を残したが、サン・ピエトロ大聖堂の建築を任されたベルニーニと仲違いし、生涯独身、六七歳で自殺した奇才だった。

ルネサンスの美意識に支配され過ぎたイタリア人

私の困惑を見てとったのか、ダニエーレがこう言い換えた。

「ローマのパンテオンの中に、ラファエッロの墓があるだろう。優美なるラファエッロと呼ばれたイタリアが生んだ天才の一人だ。その墓の碑文を知っているかい。当時の人文主義者で詩人のピエトロ・ベンボが、こんなことを書いている。

ラファエッロ、ここに眠る。
その生けし時には母なる自然でさえも、
凌駕されることを畏れ、
その死は、自然をともにするかと、
畏れさせる。

どういうことかと言うと、ラファエッロが死んでしまった今、自然さえも死んでしまったかのようだ、というのだ。ルネサンスの理想は、完全なる自然の調和の再現だ。けれども僕が美しいと感じるもの、守りたいものは、その真逆の美の概念だと言ってもいい。

もちろん、ルネサンスの万能人たちの美意識を否定するつもりはこれっぽっちもないよ。イタリア人の美意識が、ことに一四〜一八世紀、たくさんの美しいものをこの世に残してくれたことには異論の余地がない。ダ・ヴィンチの『最後の晩餐』も、ラファエッロの『聖母子像』も、その美意識と遠近法がなければ生まれなかった。ファルネーゼ宮殿のように均整のとれた建築もそうだ。

ただ、そうした特権階級や天才的な芸術家たちの美意識。遠近法や黄金率というものは、自然の完璧なる模倣のための発見であり、技術だった。イタリア人は、あまりにも、その美意識に支配され過ぎてはいないかということなんだ」

以前、彼は、イタリア人の二つの傾向について話してくれた。より新しいもの、より進化したものに傾倒する傾向。そしてもう一つは、貴族や皇帝、教皇といった特権階級が生み出した美に傾倒する傾向。その狭間で見落とされてきた美、それは彼が、マイナーな文化遺産と呼ぶ自然との親和性の高い城塞集落やその山の暮らしだと、話してくれた。

スパーダ宮の庭のベンチに腰かけて、ダニエーレは続けた。

「人が美しいと感じるものは、時代とともに変化する。

この屋敷だって、ぜひ、こんな空間に住んでみたいと思う現代人はきっと少ないだろう。

それに、今では長蛇の列のコロッセオも、中世には、たくさん殉教者を出した場所だからと、あの中に教会が建てられていた。その後も一部を解体して、その石材で、貴族が自分たちの屋敷を造っていた。文化財だから守らなければならないという概念はなかった。コロッセオが本当に評価され始めたのは一九八〇年、ユネスコの世界遺産になってからかもしれない。フォロ・ロマーノも同じで、数百年の間、ただの建築の建材置き場でしかなかった。ほとんどの人が、たぶん、美しいとさえ感じていなかった」

その日のダニエーレはいつになく饒舌で、近くのバールに移動してさらに続けた。

『アマデウス』という映画を観たことがあるだろう。オーストリアの天才モーツァルトに嫉妬するイタリアの音楽家サリエリの話。あれは、一八世紀のイタリア人の文化が置かれた状況をよく表している。音楽や絵画の分野でイタリア人は、ヨーロッパ各地で活躍した。けれども、ルネサンスの栄光は過去のもので、それ以後のイタリアはどうもぱっとしなかった。そこでイタリアが統一され、国家というものが生まれた時、イタリア人は、もっぱら古代ローマの栄光へのノスタルジーを募らせた。

国家主義の刷り込みとともに、偉大なるローマ帝国を学ぶことが、戦後教育にも意図的に組み込まれた。でもね、古代ローマ人が優れていたのは、道路や水道などの土木工事の技術で、そうしたもので世界を征服していったわけだけど、文学や美術といえば、圧倒的にギリシャだった。けれども、そんな古代ローマ偏重の風潮、ルネサンスの栄光をもう一度という戦後の復興ムードの中で、山村の城塞集落や庶民たちの暮らしの文化は、ほとんど重要視されることなく、ここまできた。

長い歴史に照らして考えていくと、これまで評価されることなく、周辺に追いやられてきた美というものは確かにある。

ファルネーゼ宮のような特権階級のための古典的な建造物の美しさもよくわかる。けれど、その場に身を置いてみた時、ある種の居心地の悪さを覚えることはあるだろう。

そう考えた時、僕らにとってもっと身近な、そして現代人の心を癒やすような空間がある。それは名もない庶民たちの生活のための建築ではないか、そう思うんだ。

そして、それは取るに足りないものではなく、そこにもちゃんと古代からの歴史があり、庶民たちの暮らしの記憶がある。その価値に気づいてもらうには、そうしたその場に沈殿し、蓄積されたものを、五感で感じとれることが大切だ。見せかけではなく、本物であることなんだ。

そもそも中世の石を磨き上げる必要がどこにある。壁の煤もきれいにしてしまってはだめだ。歴史の痕跡をペンキや漆喰で抹消してしまうなんて、あまりに残念だよ」

ヒクス・ウント・レオーネ（そこにライオンがいる）

この日、やっと、壁の煤を残そうとしたダニエーレの想いが理解できた気がした。

天才画家が逝ってしまえば、自然さえもともに消滅してしまう、そう墓碑に刻んだルネサンス万能人の誇りと欺瞞。平面に幾何学を応用し、自然の完璧な再構成をしようという野望。それは、自然というものを客観視する新たな思想と視点があってこそ成立した美の世界だった。そこには経験や自らの感覚によって感知されたものさえ、疑ってみるという科学的な発想さえ必要だった。

一方、ダニエーレが、イタリアのマイナーな文化遺産に見出した美とは、どんなものか。山岳地方の集落で自給自足の暮らしを続けていた農民たちにとって、自然は客観視できる対象ではなかった。それは時に牙を剝《む》く厳しく、荒々しいものでありながら、同時に、様々な恵みをもたらす生活の源だった。
高原から海岸の平野まで、羊たちと何日もかけて移牧する。冬は大きな暖炉に一家が身を寄せて温まり、スープに火を入れ、病めば、山から摘んできた野草を煎じて飲む。刈りとった羊の毛で糸を紡ぎ、これを女たちが織り上げる。

そう考えるうちに、ふと思い当たった。もし、ダニエーレが言うように、南北問題が一つのステレオタイプだとするならば、西洋と東洋という枠組みにも同じような思い込みがあるかもしれない。

日本では、西洋人は、自然と戦い、これを征服すべき対象として捉える。これに対し、古来、万物に神が宿るといったアニミズムの世界観を抱いてきた日本人は、自分たちも自然の一部と捉えている、そんな対照化がよく持ち出される。だが、ひょっとすると、それもまた島国の偏狭な物差しなのかもしれないし、あるいは、これまで西洋的な自然観と呼んできたものは、実は西洋の特権階級の自然観だったのかもしれない。

だとすれば、彼の言うマイナーな文化財の美意識や暮らしへの敬意は、日本人には親しみやすい世界なのかもしれない。

だが、そう言ってみても、彼は曖昧にこう答えるだけだった。

「そうかもしれないね、でも、僕は日本人の美意識には疎いから。とにかく、マイナーな文化財の最大の特徴は、自然との親和性だ。あの山の集落は、厳しい自然の中で必死に生きていたイタリア人たちの記憶なんだ。

グローバル化の負の側面として、見落とされがちなのは観光地の均質化だ。そんな中で、残された本物のイタリアを求めてやってくる人たちに、この村の価値を僕は伝えたいんだ。だから、民俗学者にもプロジェクトに入ってもらったし、地元のお年寄りたちにも話を聴いてきた。農民たちの生活空間をイメージしながら、部屋を補修してきた。レストランで出す食事も地産地消《キロメトロ・ゼロ》にこだわった。

とはいえ、今でも暗中模索。なにしろ、これまで価値が認められていなかったものに価値づけをするんだからね。ヒクス・ウント・レオーネ」

耳慣れない言葉を呟いたので聞き直すと、ヒクス・ウント・レオーネとは、そこにライオンがいる、というラテン語で前人未到の地という意味だという。

「古代ローマ時代の地図には、その先がどうなっているのかわからない帝国の辺境にライオンの絵が描かれていたんだ」

そう言って笑ったダニエーレだが、その前人未到の地には、まったく予期しなかった苦労が待ち受けていた。

第五章　セメント会社の御曹司で、ＨＩＶポジティブ

ＨＩＶポジティブを公言

「誓ってもいいよ、本当にモテたんだ」

ダニエーレは、自分がＨＩＶポジティブであることを公表していた。その話について、初めて聞いた時、彼はそう言った。

イタリア人は、いかなる状況にあっても、恋愛に前向きということなのか。あるいは、イタリアの女性たちの懐が広いということだろうか。

そういえば、昔、自宅のヘリコプター事故で指を失ったＦ１レーサーのアレッサンドロ・ナニーニを取材した時も、「間違いなく、指を失ってからの方がモテたね」と言い放ち、色っぽい笑みを浮かべたものだった。

ローマの旧市街の広場、カンポ・ディ・フィオーリからほど近い路地裏の小さなバールは、ダニエーレの行きつけの店だった。長年、近くにアパートを借りているからだ。その界隈は、今では観光地に組み込まれてしまったものの、昔からの下町で、かつてはドラッグ中毒者や泥棒の溜まり場だったという。ある店の奥で一服する老人を、腕で隠しながら指差し、「あれが、かつての泥棒の大ボス」と小声で補足情報まで加える。

イタリア人には大抵、行きつけのバールがあるものだが、ダニエーレもまた、ローマにいる間は、その店で一日の大半を過ごすという。したがって仕事場としてほぼ私物化していると言ってもよく、店で働くフィリピン人の青年やイタリア人女性も仲良しだった。

「自宅で仕事してても、サボっちゃうからね」と朝から奥の一角を陣取っていた。隣では、老紳士が新聞を拡げ、ソファ席では女子大生が脇目もふらず論文の執筆中で、いずれ劣らぬハードユーザーの貫禄である。そうかと思えば、テーブル席では、小学生くらいの二人のおとなしい少年を連れた英国人一家が、静かに旅先の遅い朝食をとっていた。

声が筒抜けの小さなバールで、ＨＩＶポジティブになったいきさつを訊ねるのは、さすがに憚られたが、ダニエーレは一向に意に介さない様子だった。

「他者への責任があるからね、公言するのは当然のことだ。ところが、いざ公言してみると、それはそれはモテた。彼女たちの想像の中で、僕は悲劇の主人公なのだろうね。そのイメージと、忘れられた山村に資産をつぎ込む男のイメージが、相性がよかったのかな。

たとえば、外国の記者が、恋人と泊まりがけで取材に来るだろう。すると、ついてきた恋人が、僕に夢中になってしまって大変なことになる。人間って不思議な生き物だね」

強がりとも思えない自慢話を始めたので、シーと音量を下げるようにお願いしたついでに、少々聞きにくいことを小声で訊ねた。

「僕は真面目な人間だからね。愛し合う時には必ずコンドームをつけるし、ただの一人も病気をうつすようなことはしていないよ」

平然と通常の音量で答えが返ってきた。

ある記事には、一〇代でドラッグの悪癖に染まり、感染の原因は、一八歳の時にナポリでヘロイン常習者たちとまわした注射針によるものだとあった。なぜ、ナポリ時代に感染したと断言できるのかと訊ねると、「ドラッグ依存症の人たちと注射針をまわしたのは、その一回きりだからね」と言う。


身体の異変に気づいたのは、いつだったのか。

「その後すぐだった。何だか疲れやすい、おかしいなと感じた。兄のエドアルドと、キューバに旅行したんだけど、どうも身体がだるい、疲れやすい。兄にそう言っても取り合ってくれない。帰国してから、すぐに病院に行ったけど、医者は何の異常もないと言う。ところが、勉強していても集中力が続かない。ひどい時は、ふと記憶を失ったりする。自分では、どうもおかしいと感じるのに、医者には病気じゃないと言われ続けたんだ」

ＨＩＶポジティブであることが発覚したのは、ようやく一年後だった。Ｃ型肝炎にも感染していた。ミラノ大学に通っていた間も、ダニエーレは、病のことを敢えて隠そうとはしなかった。私が、カミングアウトという表現を使った時には、これをきっぱりと否定した。

「カミングアウトじゃないよ。ＨＩＶポジティブであることを公言することは、人間として当たり前のことだよ。いろんな病気の中でも、ＨＩＶポジティブの場合は、今でもまだ、すぐに感染するのではないかという偏見や恐怖を抱いている人がいるから、同じ病の人のためにも、折に触れて説明していく必要がある。親しくなった女性には、もっとちゃんと話しておく義務があるからね」

感染発覚は一九八六年

二〇〇七年に新薬が登場し、ＨＩＶポジティブは、その進行を抑えることができるようになり、もはや死に至ることが稀な慢性病の一種となった。

一九九五年、台湾系アメリカ人のデビッド・ホー博士が、既存のＡＺＴと呼ばれるプロテアーゼ阻害剤などの他に二種類の新薬を併用することで、血液中のＨＩＶウイルスの量が劇的に減少するという治療法を発見した。カクテル療法と呼ばれ、これを続けることでＨＩＶに破壊された免疫機能が、エイズを発病しないレベルにまで回復するという画期的なものだった。

ただ、その頃は一日に二〇錠もの薬を服用しなければならなかった。それが四錠になり、二錠になり、二〇一三年には、ついに一錠だけ服用すればよくなった。ダニエーレの場合は、数日に一錠でいいのだという。

しかし、ダニエーレの感染が発覚したのは、八六年のことである。

HIVポジティブの患者が社会的偏見からかなり解放され始めた現在とは、事情が違う。エイズという病は、当時、まだ謎に満ちた奇病で、致死率の高い病でもあった。


あの頃、エイズによって、どれほどの才能を失ったことだろう。

映画『ボヘミアン・ラプソディ』の大ヒットによって若い世代にも知られるようになったフレディ・マーキュリー（九一年に死去）、名作『サイコ』の主役アンソニー・パーキンス（九二年に死去）、『ボレロ』で名を馳せたバレエのジョルジュ・ドン（九二年に死去）、映画『カラヴァッジオ』を残した映画監督デレク・ジャーマン（九四年に死去）、ポップアートの画家キース・ヘリング（九〇年に死去）、SF作家のアイザック・アシモフ（九二年に死去）、『狂気の歴史』の著者で哲学者のミシェル・フーコー（八四年に死去）……最期まで病名を明かすことなく逝ったデザイナーなどの著名人も大勢いた。

イタリアでは、八二年から二〇一九年までにエイズを発症した人は七万二〇三四人、そのうち約四万六〇〇〇人が死亡していた。

八〇年代の恐怖とパニックの渦中にあって、さぞ辛い思いをしたことだろう。

ダニエーレは、最初「嫌な目に遭ったことは、ほとんどないよ」と繰り返していたが、知り合ってから数年後、学生時代のこんな話をしてくれた。

「幸いに、ひどい迫害を受けることはなかった。ただ、どんな社会にも心ないことをする人間はいる。大学生の頃、同級生の一人が、今朝はどうして遅れてきたのと訊くから、かくかくしかじかの事情で精密検査を受けてきたと答えた。

するとその晩、彼が自宅での夕食会に僕を招いた。そして親戚や友人がいる前で、朝とまったく同じ質問をした。今朝はどこに行ったんだっけ？　と。彼は、僕が信条として何も隠さずに答えることを、よく知っていた。そうやって僕に恥をかかせて、あたかも僕が、この先、もう長くないかのような空気になっていくのを楽しんでいた。そういう類のアホは、どの社会にもいる。

あの頃はまだ、エイズにはみんな無知で、ホモセクシャルの病なんて言われていたし、ホモセクシャルにも偏見を抱く人たちも少なくなかったからね」

アメリカに短期留学した時の話もしてくれた。

「そういえば、こんなこともあった。大学生の頃、英語の勉強をしようとアメリカのサマースクールに通った。ついでに、最先端の治療法を試みている医師を紹介してもらおうと思って、医学部の医師に相談した。とても尊敬していた内科の女医さんだった。ところが僕が、ＨＩＶに感染していることを告白すると、その途端、彼女の表情がさっと曇った。驚いた表情で、ごめんなさい、ごめんなさい、ごめんなさい、と呟いたと思うと、そのまま、僕を診療室に一人残して消えてしまった。がっかりしたね。れっきとした内科医だからね」

一錠四〇〇〇円の薬

一九歳で医師に病のことを告げられた時は、さすがにショックだっただろうと訊くと、彼はこれを否定した。

「それが自分でも不思議なくらい、パニックにならなかった。

こんな話をするのは初めてだけど、僕は、子供の頃から、常に弱者の側、社会の周辺に追いやられた人たちの側につきたいという想いをずっと抱いてきた。そのためには、どんな戦いも辞さないという覚悟もしてきた。一九歳の時には、もう一種の習性のようなものになっていた。そのせいか、自分でも驚くほど冷静で、死の恐怖さえ感じなかった。

むしろ、やっと自分が、そちら側の存在になれたというか、自分のための場所が用意されて、新しい次元が開けたような気さえした。

エイズは、当初、ホモセクシャルのガンとまで言われて、イタリアのカトリック社会でも、プロテスタントの間でも、倒錯したセックスの代償だと公言する者さえいた。それほどひどいレッテルをはられた病だった。自分の病は、それほどの偏見に晒されている。そう思うと、それまでうまく表現できずにいた想いがようやくかたちになったとでも言うのかな。やっぱり新しい次元が開けたというのがぴったりだな。だからこそ僕は、誰にでも隠すことなく話をするようにしてきたんだと思う」

ダニエーレは、一〇代の頃に薬物に手を染めたことも公言していた。

「僕の場合、ストイックな傾向があるせいか、幸い、依存症にはならずに済んだけれど、ヘロインには二つの大きな欠点がある。まずだんだん思考が鈍っていく。そして極端に臆病になる。常習すれば、最後にはどうなるかわかっているから、身近に困っている人がいれば、部屋を貸したり、できることはしているんだ」

ＨＩＶポジティブより、むしろ薬物依存症で多くの友人たちを失ったという。

ペスカーラで同居していた友人は、うつ病を患っていて、恋人がいながら、いつも死にたいと訴えていた。最後はヘロイン自殺だった。村の空き家の修復を一緒に手がけた友人の一人、通称ラオは建築科を出た才能ある男だった。彼もまた、三七歳の若さで妻と三人の子を残して逝った。ヘロインによるショック死だ。二〇〇六年、ＮＨＫが、この村の試みを取材した番組に生前のラオが映っていた。これを観せてくれながら、淋しそうに言った。

「ラオのご両親は健在でね。お母さんは、今もずっと毎朝欠かさず、彼のお墓にカフェを運んで行くんだ」

ダニエーレは、エイズを発症することなく、三〇年以上を生き抜いてきた。薬は飲み続けているし、今も年に二度、ミラノの病院で定期検査を受けている。ほぼ毎日、昼寝を欠かさず、規則正しい生活を送っている。

時々、病のせいで記憶が飛んだり、ぐったり疲れる。そうなると、インタヴューも中断しなければならない。病気のせいか、それともあまりにたくさんの取材を受けてきたせいか、同じ話を繰り返すことも少なくない。

それでもどんな質問にも、相手から目を逸らさず、真摯に答えを返す。偏見を抱かれることが多い病についても、何一つ隠すことなく答えてくれた。

インタヴューを終え、その画期的な新薬を見せてくれないかと頼んだが、ちょうど持ち合わせがないと言う。たまたま、この時、カフェに入ってきた友人を呼び止めると、「ねえ、例の薬を持ってない？」と訊く。

すると、小柄で浅黒い肌、北アフリカ系のアクセントでイタリア語を話すその友人もまた、別段、驚いた様子でもなく、ダニエーレと握手すると、「あるよ」と胸のポケットから小さな薬箱を取り出し、中の一錠を見せてくれた。

「デシコビ」という商標名の青い大きな縦長の錠剤だった。

現在の医学でも、残念ながらエイズを根治することは実現できていない。けれども、この一錠さえ飲み続ければ、ほとんど発症しないだけでなく、他者への感染の可能性も極めて低いという。

隔世の感だった。

ただ、訊けば、一錠で約四〇〇〇〇円近い。画期的な薬の恩恵に万人があやかれるわけではなく、二〇一八年にも、イタリアではエイズを発症した人が六〇〇〇人を超えていた。

ふと思った。このやり取りは、果たしてミラノの瀟洒なカフェでも可能だろうかと。ダニエーレが、どんな相手にも、病気のことを隠そうなどと微塵も考えていないことは明白だったし、高い倫理観の持ち主であることもわかった。

ローマの下町に居心地の良さを感じている理由も、よくわかる気がした。

感心しながら改めて店を眺めまわすと、いましがた、バールで繰り広げられた社会勉強に目を丸くしながらも、相変わらず行儀のよい英国人の少年たちと目が合った。

彼らにも、いろいろな意味で、思い出深いローマの下町の朝食となったことだろう。

幼少期のダニエーレ

ダニエーレ・エルロー・キルグレンは、一九六六年八月一九日、ミラノで生まれた。

父のベルティルはスウェーデン人の実業家で、母のローザはベルガモ生まれのイタリア人だった。母方の祖父は、ベルガモの本社を含めて国内に三つの工場を所有する大手セメント会社の経営者だった。ダニエーレが生まれた時、祖父はすでに他界しており、その経営は、母の兄である叔父のフェデリコの手に委ねられていた。五歳年上の長男アレッサンドロ、二歳上の次男エドアルドの下に生まれた末っ子だった。

経歴だけ見れば、何一つ不自由のない裕福な資産家の御曹司である。

しかし、その幼少期は、それほど平穏ではなかった。

ダニエーレが二歳の時に両親が離婚、母は三人の子を連れて実家に戻り、その後、再婚した。

「六歳の頃にはもう家出の常習犯だったそうで、母親が手に負えないと、カトリック系の寄宿学校に入れた。反抗期になると、寄宿学校の神父たちにも喰ってかかっていたから、よく母親が呼び出された。教師たちの国家の話に、アレルギー反応を起こして、血が混ざっていることを口実に逃げた。僕はスウェーデン人です、イタリア国家のことなんか知ったこっちゃありません、と。すると、キルグレン、出ていきなさい！　と叱られてね。友人たちとスケルトン（骸骨）というグループを作ると、寄宿舎を追い出された。誰にでもある思春期さ」

こうして彼は、八〇年、ミラノのレオナルド・ダ・ヴィンチ高校に転入した。

ほぼ毎日、電話で母親の声を聴くし、休みにはミラノの実家に顔を出す。ところが、どんな母親だったのかと訊くと、冷徹なまでの分析を始めた。

「僕は、母にいつも神経が細くて、繊細で、壊れやすい子だと言われてきた。ＨＩＶポジティブになった時もそうだ。倦怠感に悩まされていた時も、医師も原因がわからなかった間は、あなたの神経が細いからよ、あなたが怠け者だからよ、と母は言い続けた。ところが病気が発覚すると、今度は、あなたが薬をちゃんと飲まないからよ、と繰り返す。否定しては、庇護しようとする。そうすることで、子供たちをつなぎとめようとする」

突き放すようでいて、そうできずにいるような口調に、ダニエーレらしい表現ではあるものの母親への深い愛情を感じたし、また彼が深く愛されて育った人であることも感じとれた。そこで母親のローザに会ってみることにした。

美しい母

母の名は、ロセッラ・ミレージ・サラヴァル。サラヴァルは再婚した夫の名字で、ユダヤ系イタリア人、大手ＩＴ系企業の創始者である。

家族は、彼女のことをローザと呼んでいた。すらりと細身で、ふんわりとした金髪を肩の上で切りそろえた美しい女性で、とても七九歳には見えなかった。

しかも、ミラノ郊外の別荘で週末を過ごしていたところに、急に押しかけたのに、駅まで車で迎えに来てくれた。

ローザと彼女が住む屋敷

屋敷の居間

案内された屋敷は、数え切れないほどの部屋数で、庭には小さなブドウ園とバラ園、プールまであった。ネグローニ家という貴族だった母方の一族から相続した一六世紀の屋敷だった。しかし、今では週末を過ごすだけで、夏の間は一棟貸しをしていた。

この屋敷が、ローザが離婚後、身を寄せた実家だった。ダニエーレによれば、彼女は若い頃から炊事や洗濯はお手伝いにすべて委ねているという。そこで、どんな話が聴けるのか不安だったが、実際に会ってみた彼女は、一族の肩書きや資産を心の拠り所にするような女性ではなかった。突然、現れた東洋人にもまったく偏見がなかった。

家をすみずみまで案内するというイタリア式歓迎の儀式が終わると、ローザは、大きな暖炉のある天井の高い居間のソファに腰かけ、自家農園の発泡ワインを私にも勧めた。

まずダニエーレの父親のことを訊いてみた。

「ベルティルとの出会いは、私が一八歳の時です」

ロンドンから帰国し、成人式のパーティーで出会った。ジェノヴァ育ちのスウェーデン人だった。二人は恋に落ち、二〇歳で結婚、すぐに長男のアレッサンドロが生まれた。

「ところが、ベルティルは、その頃からお酒に溺れるようになった。最初はまだ希望があった。アルコール依存症から救えると信じていたし、努力もしていたから。家の空気は重たかったけれど、唯一の喜びは子供たちとの時間だった」

彼が酒に溺れ始めたのはなぜだろう。

「夫にとって私は母親のような存在だった。一四歳も年下だったけどね。子供たちが生まれたことで、彼はそんな私を失ってしまうように感じていたのかもしれない。それと一二歳で入学した英国の全寮制のカレッジで残酷ないじめに遭ったと口にしたことがあった。そんな幼少期のトラウマもあったのかもしれない。

それとエドアルドが生まれた頃、夫の脳に小さな腫瘍が見つかった。良性だったけど、以後、てんかん予防の薬を飲み始めた。その薬を服用しながらお酒を飲むものだから、それからがひどかった。お酒の量も増えた。私が二六歳の時にダニエーレが生まれてから離婚までの二年間は辛かった。どんなに頑張っても無駄だと悟ってからは精神的にも最悪だった」

ある晩、酔った夫と口論になり、叩かれた彼女は、子供たちとこっそり屋敷を出ると、そのまま実家に逃げ込んだ。

「三人の子を養っていくために独立しようと、建築を学び直した。でも、しばらくすると、父に誘われて、建築会社で慣れない経理の仕事をした。合う仕事ではなかったけれど、自立していくにはありがたい申し出だった」

職場での父は、生真面目で、従業員たちにも寛大だった。

兄エドアルドの写真

昼食は、お手伝いさんが用意してくれたサラダ、ゴルゴンゾーラチーズとラディッキオのリゾット、ローストビーフ、名店の甘すぎないブルーベリーのケーキだった。海の絵が並んだ二人では広すぎる食堂でランチを終えた。ローザは、小一時間だけ昼寝をしてから駅まで送ると言い置いて、二階へ消えた。
グランドピアノや暖炉の上は一族の写真でいっぱいだった。その中でひときわ目立つところに置かれていたのが、やや物憂げな二枚目のエドアルドの写真だった。

最愛の兄エドアルドの薬物死

高い天井を見つめながら、ローザに息子の死について、どう切り出したものか考えあぐねた。

ダニエーレは、兄の死が薬物の過剰摂取によるものだったことを教えてくれていた。

一九八〇〜九〇年代、イタリアではヘロインを中心に違法薬物が闇で取引され、大きな社会問題となった。パブや夜の公園での未成年者への売買が横行し、高所得者の子供が通う私立学校は、その格好の標的となった。

ヘロインは医療にも用いられる麻薬、モルヒネを、さらに精製したものだ。一時的には疲労感や眠気を忘れ、何かに没頭できるといった効果をもたらすこともあるが、慢性化すれば、倦怠感、不安、幻覚を伴い、最終的には廃人と化す。イタリア各地に薬物依存症者のためのリハビリ施設や社会的協同組合の農場が生まれたのも、その頃だった。

ダニエーレもまた、一〇代の頃、好奇心からヘロインに手を染めた。

「今思えば、疎外感かな。母親の実家で暮らしていたけれど、反抗期になると、ミラノの父親の家によく泊まった。でも父親が酒を飲んでいる時には家に帰らない習慣がついていた。居場所がないように感じていたのかもしれない」

ダニエーレが依存症を免れたのは、一番距離が近かった兄を失ったからかもしれない。

「エドアルドと僕は、本当に仲が良かった。正直な嘘のない関係だった。一緒によく旅もした。ヨルダン、トルコ、タイ、キューバ。彼は、兄弟の中で一番バランスがとれた、両親の期待通りの息子だった。成績優秀、運動神経も抜群で社交的。少し子供っぽいところは、母によく似ていた。だから彼が急に逝った時、母はすっかり落ち込んでしまってね」


昼寝を終えたローザに、コーヒーを飲みながら、エドアルドのことを切り出した。

「ダニエーレは、ミラノ大学で心理学科から哲学科に編入した後、熱心に勉強して最高点で卒業した。でも、社会的なキャリアには関心がなかった。エドアルドは違って、ミラノの名門ボッコーニ商科大学を卒業し、父親の会社で働いた。父親は製紙会社にセルロースを卸していたけれど、アルコール依存症だから、会社も危うかった。エドアルドは一年働いて決断し、業務を整理して会社を畳んだ。それから、フランスのフレッテ社に勤めたの」

フレッテ社は、高級ホテルにリネンのタオルやシーツ、クッションなどを納める老舗で、顧客はヴェネチアのダニエリやパリのリッツといった名ホテルばかりだった。

「二七歳で、南米や中東の代表も務めた。でも、独立したいとフォンテンブローにあるハーバード大学の元教授が創立したビジネススクールで博士号をとって、起業したばかりだったの」


なぜ、多くの友に慕われ、仕事もできた青年がヘロインに溺れたのかは誰も知らない。

「子供たちは、母さん、僕らの子供時代は幸せだった、と言ってくれる。でも、あの子たちには苦労をかけた。あの子たちが、私を一番必要としていた頃に離婚して、再婚して、ずっとそばにいてあげられなかったことは……」と言葉を濁した。

しばらく黙り込んでから、ローザが言った。

「父親のアルコール依存症が治らないことに、家族のみんなが、どこかで責任を感じていた。ベルティルにとって私は母親みたいな存在だったけど、子供たちが成長すると、今度は、あの子たちが彼の母親代わりになった。中でもエドアルドは、父親に一番近かった。ただ、悩んでいる素振りは微塵も見せなかった。だから、あの子が昏睡状態になってミラノの病院に運び込まれた時には、気が動転してしまって……」

エドアルドは、昏睡状態のまま、一ヶ月後に息を引き取った。まだ二九歳だった。その後、ローザは何もする気が起きず、半年以上、引きこもっていた。

彼女のすばらしさは、その後の生き方だった。ミラノ郊外での社会活動に身を投じたのだ。

「私が引きこもっていると、子供たちが心配して、エドアルドのために何かするべきだよと言う。ボスニア・ヘルツェゴビナ紛争の頃で、友人たちと食料を運んでいたアレッサンドロは、これを一緒にやろうと言う。ダニエーレも、アフリカに抗生物質を届ける活動に誘ってくれた。迷っていると、友人が、面白い神父に会ったから、この人と何かやってみたらどうかと言う。

エドアルドの思い出をたどるうちに、私にもやりたいことが浮かんできた。彼は、熱心な共産党員だったけど、ある日、貧しい地区の若者たちが集まって文化活動ができる場所がすばらしかったと、夢中になって話してくれたことがあった。イタリアの共産党は、エンリコ・ベルリングェル書記長の時代はよかった。社会の困っている人、疎外されている人に寄り添ってきた。でも九〇年代以後は変わってしまった。だったら、次世代を担う若者たちのために何かできることをしたいと、そう思ったの」

こうしてローザは、若者たちの心の拠り所になるような文化活動の場を作りたいと、九六年、息子の友人たちと、「エドアルドの友 Amici di Edoardo」という非営利団体を立ち上げた。神父の働きかけで、ミラノ市がすぐにホールも備えた施設を提供してくれた。バリオス（Barrio's）と名づけられたその場所は、ミラノ郊外の低所得者や移民の多い地域にあり、映画、演劇、ダンス教室など、年間四〇〇ものイベントを開催している。ボランティアがさかんなミラノでも極めて評価が高く、若者のための文学賞も毎年、開催している。近年、若者の失業対策に力を注ぎ、機械工やグラフィックなどの職業訓練の場を作った。

「うちの教室で学んだ若者たちの約半数が、嘱託ではなく、きちんとした就職口を見つけることができたのよ」

医療行為を受けられない移民たちが、待たされることもなく、治療が受けられる医療センターも立ち上げた。

コロナ禍でも、団体は古着市や美術展などいっそう活発な活動を続けていた。

わが子を失った悲しみが、癒えるはずなどない。それでも、ローザは、その深い悲しみを抱えながら、残された時間を生き抜くために精力的に社会活動を続けていた。

難病を抱えながら、いつも社交的で誰にも偏見がないダニエーレの前向きな気質は、彼女から受け継いだものだろう。そう言うと、ローザは嬉しそうに笑った。

「いろんなことがあったけれど、母親として貫いてきたのは、子供たちにいつも自由な人間であること、どんな時も常にあなた自身でいなさいと教えてきたことです」

白バラが咲き誇る庭で微笑んだローザは、出会った時の数倍も輝いて見えた。

イタリアの男たちが、強い母を神格化せずにいられない理由が、初めてわかった気がした。

異邦人としての父への共感

兄を失った二年後、ダニエーレは父親を見送った。彼は、ダニエーレにとって、どんな人だったのだろう。

「キルグレンというのは、典型的なヴァイキングの名だ。曽祖父は、厳格なルター派のプロテスタントの牧師だった。そんな家庭で育ったこともあって、父はうまく自分を表現できなかったのかもしれない。でも父は、考古学者の友人と船遊びをするような酔狂な人だった。実家は材木商で、裕福なのはベルガモの母方だけど、国際感覚があったのは父方だった。祖父のエルロー・キルグレンは厳格なキリスト教徒で、イタリアにエリクソン（スウェーデンの通信機器メーカー）の支社を作った実業家だ。従兄弟によると、ファシズム政権の頃、ジェノヴァのスウェーデン大使だった祖父は、ユダヤ人たちをアメリカに逃がして、ゲシュタポに逮捕されて拷問まで受けたそうだ。そこでエルサレムの正義の木に名前が載っているらしい」

そう言うなり、彼がタブレットで検索すると、役者のような風貌の紳士が現れた。

「ああ、僕のおじいちゃんだ。すごい、ウィキに載っているんだ」

ダニエーレの徹底した環境保護の意識や倫理観は、ミラノでの学校教育と、スウェーデン人の親族に植えつけられたものだという。

スウェーデンの国民一人当たりの所得は、イタリアの一・五倍だ。社会福祉も、環境対策も先進的で、ヴァカンスの時期には多くの旅行者が、イタリアを訪れる。

両親の離婚の原因となった出来事については、赤ん坊だったダニエーレの記憶にはないが、母方の祖母が通報したことで、父親は避暑地で逮捕され、一週間も勾留されたという。

「父は酔うと、いつもその時のことを繰り返した。そこに座りなさいと、兄弟で並んで座らされて、お前たちのおばあさんが何をしたかわかるか。私を刑務所に入れたんだと」

ローマのバールでその話を訊いた時、ダニエーレは頭を落とし、両腕を膝の間にはさんで、ろれつのまわらない口調まで、幼い頃に目にした父の姿を再現してみせた。

だが、長男アレッサンドロの印象は少し違った。

「父はユーモアのセンスがあって、いつも冗談ばかり言っているような愉快な人でした。子供たちに手をあげるようなことは、一度もありませんでした。ただ、てんかんの薬を飲んで、お酒を飲む。それで車に乗るから、その時はヒヤヒヤでした」

また三兄弟は、離婚後も父親に連れられて、メキシコ、ロンドン、ニューヨークとよく旅行した。しかし、アレッサンドロのメールには、こう書かれていた。

「ところが、決まって三人のうち誰かが旅行に置いていかれる。理由は常に、その誰かが、母親の肩を持ったというものでした。母が再婚すると伝えた時の、父の表情が今も忘れられません。父はずっと、母のことを愛していたのだと思います」

ペスカーラに暮らし始めた頃、ダニエーレは、その父を看取った。クレモナの病院に入院していたが、看護師の態度が悪いと癇癪《かんしゃく》を起こし、ミラノの家へ引き取ることになった。

「最期の一週間は、一緒にアパートに泊まった。肝臓もボロボロで、六九歳だったけど、あれは緩慢な自殺だね。でも、いい最期だった。うとうとと眠るように逝った。晩年の父は、生にも死にも、関心を寄せなかった。ちっとも悪くない最期だった」

環境意識の高まりとセメント産業の衰退

ミレージ・セメントは、その後、どうなったのか。

ローザが話してくれた。

「前の夫は、父のセメント会社を継ぐ気はなかったし、父たちが築いた世界を完全に否定していた。子供たちも誰も継ぎたがらなかった。父が八一歳で他界した時、兄のフェデリコが会社を売ると言い出して喧嘩になり、結局、フランスの企業に売却してしまった」

しかし、なぜ、誰も、名だたるセメント会社を継ごうとしなかったのか。ダニエーレは、祖父の会社をどう思っていたのだろう。

「セメントは、とても使い勝手のよい便利な素材だ。ただ、僕は、セメントの実用主義が、あまり好きになれない。特にイタリアの戦後は、それまでの美意識をかなぐり捨てたようなセメントの建物が乱立し、国中の景観を台無しにしていった。それは、あまりに急速で、極端だった。だから、叔父からペスカーラのセメント工場を手伝わないかという話があった時も、そんな気にはなれなかった。兄たちも、従兄弟たちも嫌がったよね」

彼らの判断には、戦後のイタリアにおけるセメント産業の歴史が大きく関係していた。

ミレージ・セメントの大工場の一つは、ミラノから九〇キロほどのイゼオ湖畔にあった。人口二〇〇〇人ほどのタヴェルノーラ・ベルガマスコという村だ。

二〇世紀初頭の技術革新によって、セメントの原料となる泥灰土《でいかいど》、マールの価値が一気に上がった。湖畔の小さな工場は大工場となり、一九一九年、これを買収したのが、ローザの曽祖父にあたるフェデリコ・ミレージだった。

その煉瓦造りのセメント工場は、イタリア経済の好調期まで、この国の富の象徴だった。

ところが、八〇年代後半になると、セメント産業の立ち位置に変化が起こる。環境意識の高まりである。

八五年に制定された景観法、ガラッソ法の基準では、河川や湖岸から三〇〇メートル以内に、環境にインパクトを与えるものを建設してはならない。その新法に照らし合わせれば、湖に面した工場は肩身の狭い存在になっていく。

廃業かと思われたセメント工場は、その後、世界最大のフランスの会社から、国内の最大手を買収したドイツの会社に転売された。

これを受けてタヴェルノーラ・ベルガマスコ村の議会は、二〇一八年、セメント工場を永遠に閉鎖し、環境と景観に負荷をかけない活用法を模索するかどうか？　という住民投票を行い、八九％の住民がこれを支持した。そこには、長い間、洗濯物や屋根に積もる灰燼や鉱山からの爆発音に苦しめられてきた住民たちの強い想いがあった。

この運動を支援する環境団体「レーガンビエンテ」の代表は、イゼオ湖の水が、ワインで有名なフランチャコルタ地方の畑を潤していることを強調した。アルプスから湖に注ぎ込むオリオ川流域では、上流の町々は観光化にあたって環境保護を徹底した。そこで流域のすべての自治体での脱工業化こそが、地域活性化の唯一の道だと主張している。

一方、ペスカーラ郊外のミレージ家の工場は、フランス企業から競売にかけられ、二〇一七年、ローマの会社が落札した。こちらもまた、住民や議会が再稼働に反対し、景観を損ね、公害を生むエコ・モンスターと呼ばれて休業中だった。

業界を支える労働者たちには気の毒な話だが、中部の震災で倒壊した違法建築の問題や、不正入札によるマフィアと建設業界と政界の癒着などが発覚する中、セメント業界を取り巻くイメージは、右肩上がりの時代とはかなり変化した。

さらに、その需要も急速に縮小した。戦後の復興による建築ブームによって、イタリアはコンクリート消費量の多い国として知られてきた。しかし、道路、ダム、空港、スタジアム、役場のような公共事業が減っていった。二〇〇六年、各地に六〇あったセメント・プラントは、二〇一五年には三七に減り、国全体のセメント生産量は五七％も減少した。その後、独占化と多国籍化が進んだ業界は、中国やインドといった新天地に進出していく。

ミレージ・セメントは、そんな時代にあって歴史の幕を閉じた大手の一つだった。

ダニエーレはなぜアフリカに通うのか？

ダニエーレは、長年、ルワンダの貧困家庭への支援を続けていた。過去の列強による植民地化のしわ寄せが、アフリカ経済を脆弱にしているのならば、イタリアでの売り上げの一部をそちらに活かすのもまた、彼の考える社会的経済のモデルだった。

ルワンダは、タンザニア、コンゴ、ブルンジ、南スーダンに囲まれた小国で、日本人の記憶にも深く刻みこまれているのは、やはり、一九九四年の虐殺事件だろう。

四月、フランスから提供された大統領の専用機が、何者かによって地対空ミサイルに撃墜された事件を発端に、フツ族の過激化によるツチ族の虐殺が起こり、女性や子供を含む八〇万〜一〇〇万人が犠牲となったと言われている。

ルワンダは、六二年にベルギーから独立し、八〇年代までは経済成長を遂げていたが、九〇年代には、爆発的に増えた人口に対する食糧不足、コーヒーの市場価格の低下などによって社会不満が膨らんだ。また、民族間の確執は長年続いていたが、ことベルギー統治時代のＩＤカード制度による線引きが、これに拍車をかけたという。長身で鼻が高いツチ族を支配的階級とし、ずんぐりして肌の色も濃いフツ族と差別化した。

さらに、映画『ホテル・ルワンダ』（テリー・ジョージ監督　二〇〇四年）や『ルワンダの涙』

（マイケル・C＝ジョーンズ監督　二〇〇五年）でも描かれたように、ツチ族の虐殺については、かつてのように奴隷扱いされるというフツ族の恐怖と憎悪を煽ったラジオや新聞などのメディアが、その被害を増大させた。犠牲者の一〇％はフツ族の穏健派だった。

しかし、虐殺の真の要因に、アフリカを支配してきた列強の暗躍を見る人も多く、ことの真相は今も明らかになっていない。

「アフリカの自然や文化を破壊し続けてきたのが、白人社会の植民地主義であることは明白だ。旅行してみればわかる。自然も、地下資源も豊かなのに、現地の経済に貢献している産業があまりにも少ない。今でも石油や資源開発は、どれもアメリカやヨーロッパ、中国の資本だからね」

ダニエーレのアフリカ好きは、卒業旅行以来だった。

「最初は、アフリカに援助をしていた神父を通じて、土地や不動産を売って援助を始めた。神父たちがコンゴに産婦人科の病院を建てるプロジェクトについていった。現地では、出産時の死亡率が驚くほど高かった。

ついでにエジプト、スーダン、モロッコ、エチオピア、ケニア、ウガンダ、ルワンダと、一月くらいかけてめぐった。夜中に着いたある村では、一〇〇人くらいが殺害された場面に遭遇し、地元の人に、これは白人の仕業ではないが、お前を殺すと脅された」

そんな目に遭っても、アフリカ好きは揺るがず、毎年、通った。そして、せっかく通うのなら、できることをしようと、抗生剤を配ることにした。

「各国の病院の状況を見てまわって実感したのは、ビル・ゲイツ財団のようにエイズ基金も大切だけど、どうせ助けるなら、病にかからないように予防する方がもっと効果的じゃないかということだ。ルワンダでは、五ドルの健康保険に入ることができなくて抗生剤が打てずに人が死んでいた。これはひどいなと思ってね」

なぜ、ルワンダに的を絞ったのだろう。

「せっかく、お金を集めても、役人たちの懐に収まって終わるのなら、お金を捨てるようなものだ。だから、人も真面目で汚職の少ないルワンダにしたんだ」

今では、ルワンダの識字率は九割近くに伸び、ＩＴ産業に力を注ぎ、アフリカでも治安のよい国として知られていた。

七三〇万人のうち、政府の発表では約一一七万人が虐殺の犠牲となり、多くの難民を出したこの国では、かつてない人口変動を経験した。現在、人口は約一三〇〇万人だが、その平均年齢は二〇代と若い。約六割が、虐殺後に生まれた世代だという。

首都キガリには虐殺記念館も生まれた。高原にはゴリラが生息し、近年、政府はエコツーリズムにも力を入れている。

一度は行ってみたいが、新型コロナウイルス感染症の蔓延で当面、実現できそうもないので、現地で非営利団体「セクスタンティオ」の事務局をしているロベルト・サンタヴェーネレに電話で話を聴いた。ダニエーレより五歳年下、ペスカーラ生まれで、村の宿を一緒に立ち上げた友の一人だ。

「二〇〇八年、ダニエーレとアフリカへ来たのが最初で、支援金がきちんと必要な人の手にわたるかを見届けるために、僕がここに居残ることにした」

すると、ルワンダの自然の美しさと人の温かさに惚れ込み、そのまま留まった。ティラピアという養殖魚の問屋を始め、今では五軒の店も経営していた。ロベルトが続ける。

「僕の妻の実家は社会活動に熱心でね。義父は銀行の頭取で、虐殺の時、危ないと他の銀行はすぐに閉めて逃げたけど、ぎりぎりまで頑張った。大きな荷物に顧客のお金を詰めて、ブルンジまで家族と命がけで逃げた。九ヶ月後、帰国した時、それをみんなに返したから、政府から勲章を受けたんだ」

まさに銀行の鑑である。

さて、ロベルトたちは、具体的にはどんな援助をしているのか。

「ルワンダの新政府は、年間一人五ドルの健康保険制度を作った。けれど、それを払えない人たちが大勢いる。貧困家庭の子供は平均約八人だから、夫婦で年に五〇ドルとなると、払える金額じゃない。そこで、僕らは昔からこの地域で活動しているカリタス（カトリックのボランティア団体）に協力してもらい、少しずつ恩恵に浴せる人たちを増やしているんだ」

国民の平均所得は八〇〇ドル（二〇一八年　世界銀行調べ）で、貧困問題はまだまだ深刻だった。彼らは「セクスタンティオ」財団を立ち上げ、二〇〇八年には約八〇〇〇人、その後も年々増えて、二〇一一年には一六万人が健康保険制度に浴することができた。

ルワンダでの観光ビジネスプロジェクト

ルワンダ西部、キブ湖の南に浮かぶンコンボという島の北端に、ダニエーレたちは、二〇一二年の春、三つめの宿泊施設によるプロジェクトを開始した。

地元の人たちの手で藁を編んだ伝統的な家屋を三棟造り、村の女性たちが地元の料理を提供する。地元の民俗博物館と協力しながら、ルワンダの伝統文化を体験できる新しい観光を作り上げようというのだ。

「今、アフリカには、中国もアメリカも、ロシアも積極的に投資している。でも、経済を重視し過ぎると、長年、彼らが培ってきた文化はあっという間に壊れてしまう。繊細で、洗練された文化的プロジェクトだ。経済が、これについてくるのが理想だね」

ダニエーレが言った。そこでロベルトにンコンボ島のことを教えてもらった。

「キブ湖に浮かぶ島で、かつてはコンゴ領土で、コンゴ人の漁師が暮らしていた。一方、昔のルワンダには、妊娠した未婚女性は島流しになるというひどい風習があった。それを島の漁師が助けて、奴隷のようにこき使ったという悲しい話も残っている。でも、それは昔の話。今は混血化も進んだ。宿を作った最北部は、人口が少なくて静かで風光明媚なんだ。島は虐殺とも無縁だった。イスラム系のマイノリティーも厳格じゃないし、差別もない。ただ政府は一夫多妻制を禁止したけど、伝統が残っているせいで母子家庭も多いし、それだけに逞しい女性たちも多い。島の経済は漁業だけど、湖の魚は減っているし、バナナやアボカド、キャッサバに野菜と農業も自給的レベルだから、このプロジェクトで、島に新しい経済を作りたいんだ」

島へ行くには、木製の小さな乗り合い船で四〇分。その船着き場までキガリから五時間を要するので、ロベルトは、ここに旅行者のためのB&Bと食堂を作るつもりだという。急ごうにも急げないスローな旅である。

「アフリカには時間がある」

二〇二二年一〇月の時点で、ルワンダの新型コロナによる死亡者数は、約一四六〇人と極めて少ない。高原地帯であるし、政府による初期段階でのロックダウンが感染拡大を食い止めたとも言われているが、ロベルトがこんなことを教えてくれた。

「あれほど悲惨な虐殺を経験したことで、この国には社会的経済が育っているんだ。お金があれば、そうでない人に何かしようという人が多い。妻も毎週、金曜日には、食糧難の人たちのために食事会を続けているんだ」

もし、ルワンダへ旅行するならどの季節がベストかと訊くと、ロベルトが電話の向こうで楽しそうに笑った。

「ルワンダはね、年中、春なんだ。赤道直下の国だけど、一四〇〇〜三〇〇〇メートルと標高がとても高い。山地もあって緑も豊かだ。キブ湖も一四六〇メートルのところにあるんだよ。気温も年中、二四度くらいで過ごしやすい。藁の家に泊まっても、寒いと感じることはあっても、暑くて眠れないことはない。藁の家は、昔、ルワンダの王様も暮らしていた地元の気候に合った家屋なんだ」

あれほど広大なアフリカ大陸で、気候も多様でないはずがなかった。調べてみると、ルワンダの新しい国旗には、血を連想する赤が使われていない。光条が伸びた黄色い太陽は、希望と無知との戦いを表す。それは偏見と恐怖を煽ったメディアの扇動によって引き起こされた悲劇を、二度と繰り返さないためだった。

ダニエーレは、援助を続ける理由を最後までアフリカが好きだからだと言い通したが、それは、きっと本音なのだろう。

「アフリカ人が、よく言うんだ。ヨーロッパ人には時計がある。だが、アフリカ人には時間があるってね。あそこにいると、生きていると実感できる。あそこの人たちの寛大さ、かな」

第六章　地震とホテル経営

二度の震災

ダニエーレのアルベルゴ・ディフーゾの経営がようやく軌道に乗り始めた矢先に、予期せぬ悲劇がふりかかった。

二〇〇九年四月六日、真夜中の三時三二分、アブルッツォ州が、ラクイラ付近を震源とするマグニチュード六・三の地震に見舞われたのだ。

日本では、イタリア中部地震と呼ばれている。倒壊した建物が多かった理由は、それまでに二八〇回もの小さな余震が発生していたからだ。この日の揺れは、その終盤を襲った不意打ちのような地震だった。

首都のラクイラでは、美しいファサードを持つサンタ・マリア・ディ・コレマッジォ大聖堂の屋根の一部が崩れ落ち、老舗ホテルが倒壊。人々が寝静まっていた時間だったことで各地で三〇〇人以上が犠牲となり、約六万人が住む家を失った。

世界を騒然とさせたのは、イタリア地震委員会の研究者たちが、地震を予知できなかったという理由で起訴されたことだ。三月三一日、同委員会は、最後の地震が発生する直前、もはや大地震の兆候はないと記者会見をした。これによって安堵した住民たちが自宅に戻ったことが、被害の拡大を招いた。ラクイラ地方裁判所における罪状は、過失致死だった。

二審では、証拠不十分によって無罪となり、地震学者たちは不起訴処分になった。唯一、責任を免れなかったのは政府の防災局の副館長だったが、それも執行猶予付きの禁固二年に留まった。

ラクイラからサント・ステファノ・ディ・セッサニオ村までは、約三〇キロだ。この地震で、メディチの塔と呼ばれる村のシンボルが倒壊し、外壁が崩れるなどしたものの、幸い犠牲者は一人もいなかった。

その晩、ダニエーレはペスカーラの家で眠っていた。

「寝ていても、はっきりと大きく揺れているのがわかった。目を覚ますと、直後に電話が鳴って、急いでサント・ステファノに向かった。

村に着くと、地元の消防団や役場の人たちが、どうやら地震で亡くなった人はいないし、怪我をした人も一人もいないようだと言うから、ほっとした。

ただ、村の象徴だった塔が倒れてしまった。僕の宿は、どこも大丈夫だった。けれど一部屋だけ、隣の空き家の壁が崩れて、入り口が塞がれて、外に出られなくなってしまったお客さんがいた。最初はパニックになっていた。すぐに、みんなで扉を塞いでいた瓦礫《がれき》をのけて、彼らを救出した。四〇代のフィレンツェ人のカップルだった。まだ怯えている様子だったから、大丈夫ですよ。この村は岩盤もしっかりしていますから安心してください、と言ってなだめるうちに、次第に冗談も出るようになった。朝食も食べて帰っていったね」

しかし、地震のショックから立ち直れない村人たちの姿も目にしてきた。

「一番の気がかりは、村の人たちの精神的ショックだった。余震がしばらく続いたこともあって住民の中には、あの年からまるで生きることを諦めてしまったような人もいた。毎日、壁ばかり見つめている人もいた。大地が揺れるという体験から、人生の安定感まで失ってしまう心理は、彼らと話していても辛かった。震災の前と後では人もかなり入れ替わったよ」

観光客の姿が消えた

その時には、宿の被害については語ろうとしなかったが、後日、改めて聞き直すと、大変な目に遭っていた。

数ヶ月間、サント・ステファノ・ディ・セッサニオから観光客の姿が消えた。

群発地震が始まったのは、二〇〇八年末のことだ。以来、ずっと小さな余震が続いたことから、政府の市民保険局はアブルッツォ州だけではなく、モリーゼ州、ウンブリア州、マルケ州方面への旅行を控えるようにと国民に呼びかけていたからだ。

イタリアも、日本と同じように地震大国である。日本が、太平洋プレートが沈み込むところに位置する島国であるように、イタリア半島はユーラシア・プレートとアフリカ・プレートの境界にあって、断層も多い。中でも地震が起こりやすいのは、北部のアルプス山脈の東側から、半島を背骨のように伸びたアペニン山脈、そしてカラブリア半島からシチリア島まで弓状に連なる地帯だった。

サント・ステファノ・ディ・セッサニオ村は、そのアペニン山脈の最高峰、グラン・サッソ山の麓にある。

「この村では幸い、一人の被害者も出なかった。昔の建物はきちんと修復しさえすれば、造りがしっかりしているからね。ただ大変だったのは、急に旅行者が来なくなったことだ。あの半年だけで、約二〇万ユーロ（約二五〇〇万円）の赤字だ。基本的に僕はマネージメント能力が低いからね」

だが、その頃、宿の民俗学者として働き始めていたヌンツィアは、怪我の巧妙というべきか、地震後のある村の変化について教えてくれた。

「地震の後、急にキャンセルが続いて、お客さんが来なくなった。このままでは赤字だと話し合った結果、思い切って三ヶ月近く、ホテルを休業することにしたの。すると何が起こったと思う？　村の人たちのホテルについてのネガティブな発言が驚くほど消えたの。村を金持ちの社交場にする気か、とか、自分だけ儲けるつもりか、なんていう中傷もね。ホテルの休業で、村の旅行者が激減した。すると、土産もの屋もバールも途端に閑古鳥でしょう。そのことでやっと村の人たちは、この宿が生まれたことの意味をわかってくれたの」

サント・ステファノ・ディ・セッサニオの全景。地震で倒壊した塔の修復のため、クレーンが立っている

修復のおかげで被害は最小に

震災後、アルベルゴ・ディフーゾの価値が再認識された理由は、それだけではなかった。周辺のいくつもの集落で人的被害や家屋の倒壊が報告された一方で、この村ではほとんどなかったのは、村の約五分の一にあたる廃墟化が進んでいた家屋に適切な修復が施されていたからであると、専門家に指摘された。

空き家の修復は、山村を過疎化からだけでなく、震災の被害からも救っていた。ほとんど使われていない別荘や空き家ばかりでは、物理的にも、村は近い将来、消滅してしまう。それは地震の多い山間地の村々が、改めて気づかされた苦い現実でもあった。

さらに修復が適切ではなかった建造物には、どんなリスクがあるのかも、地震は教えてくれた。それは地震で崩れ落ちた塔のことである。

村人たちは、メディチの塔と呼んできたが、実際には、ノルマン人の建てた塔を土台に、シエナのピッコローミニ家が再建したものだ。震災で姿のよい塔が崩れ落ちたことで、町の全景はどうもしまらなくなった。そんな話をしていた時、レストラン「ロカンダ・ソット・リ・アルキ」で長年、フロアを務めていたベテラン、ナポリ出身のジョルジュがこう言った。

「ご存知ですか？　あのメディチの塔が壊れたのは、天災ではなくて人災なのですよ」

いったい、どういうことだろう。

「本来なら、あのくらいの地震で倒壊するような塔ではありません。それを一九三〇年代、塔の上に高射砲の足場をコンクリートで造ってしまった。歴史的建造物には施してはならない誤った改築のせいで、重心が狂った。その結果、あの地震で塔は大きく揺さぶられることになって倒壊したのです。ですから、あれは明らかな人災なのです」

かつてない財政難

群発地震がようやく終息して半年が過ぎた頃から旅行者は戻り始め、村は賑わいを取り戻した。宿の経営も回復し、これで一安心と胸をなでおろした二〇一六年八月二四日、村はふたたび震災に襲われた。

またしても真夜中の三時三六分だ。今度はローマのあるラツィオ州のアマトリーチェを中心にマグニチュード六・二の地震である。

アマトリーチェでは、公共施設や学校が倒壊。倒壊した各地の一〇〇軒以上の建築物に、コスト削減の手抜き工事が疑われ、そこには建築業界へのマフィアの関与も指摘された。

一方、震源に近かったノルチャでは、過去の震災の教訓から町の耐震化を進めていたことで、被害がほとんどなかったことも注目された。

この時も群発地震で、最初の揺れからほぼ二ヶ月後のことだった。

翌年一月、アブルッツォ州のファリンドラという山村では、ホテルが雪崩に埋まり、二九人もの犠牲者を出した。このホテル「リゴピアーノ」は村おこしの代名詞のような存在だっただけに、地元では大きく報道された。唯一の明るいニュースは、この時、雪崩から救出されたアブルッツォ犬の子犬四匹が、各地の希望者にすぐに引き取られたことくらいだった。

この震災でも、サント・ステファノ・ディ・セッサニオに人的被害はなかったが、今度もまた、長期にわたって旅行者が急減した。

二度めの地震から二年後に村を訪れると、役場や屋敷の外壁に、ものものしい鉄の櫓《やぐら》が組まれ、あちらこちらで補強工事中だった。トンネル状の路地にも、市民保護局の隊員たちが応急処置として施した木造の支えが、残されたままだった。

まるで集落全体が、包帯でぐるぐる巻きにされてでもいるようで痛々しかった。

ただ、不思議だったのは、そんな状況の集落を楽しそうに散歩する旅行者たちの姿だった。食堂や通りでも、独語、仏語、米語、広東語と様々な言語が飛び交っていた。彼らは、明らかに二度の地震の痛手を受けた山村の事情を知りつつ、ここを目指してやってきていた。

これが、これからの社会的観光というものだろうか。

それとも環境の世紀における大自然の引力なのか。

あちらこちらで補強工事が行われていた

自然に恵まれた農山村や離島の観光は、今後、大きな可能性を秘めている。一〇〇年後を見据えた持続可能な観光、自然をできる限り破壊せず、地域を豊かにしていくエコな観光は、間違いなく未来系だった。ただ、その一方で、都市の近代的なホテルに比べて、山村や離島の宿は、震災、洪水、異常気象といった自然災害の影響を被りやすい。


二度めの地震のことを訊いた時、ほとんど愚痴を言わないダニエーレがこう漏らした。

「だいたい、この辺は、一〇〇年に一度くらいの割合で地震が来ると言われてきた。ただ、ようやく軌道に乗り始めたタイミングで二度は、ちょっときつかったね」

この直後、「セクスタンティオ」は、かつてない財政難に見舞われた。

経営を支えた信頼できる友

最初の震災の直後、ダニエーレは、ある知人を仕事に誘った。

現在、その人は、「セクスタンティオ」社の不動産管理や会計のすべてを引き受けている。いわば、この宿の番頭さんで、地震で苦境に立たされたダニエーレを支えた一人だった。

だが、その人は経理を学んだこともなければ、会計士の資格を持つわけでもなかった。もともとは農学者だという。インタヴューでも開口一番こう言って笑った。

「僕とヌンツィアとダニエーレは、なかなかいい勝負です。ヌンツィアは、民俗学者でありながら、ホテルの支配人を任され、ダニエーレは、哲学者のくせにホテル経営を試みています。そして私は農学者でありながら、不動産管理を引き受けているのですから」

マウリツィオは、一九五七年、アブルッツォ州のキエーティ郊外にあるトッロという小さな村で生まれた。農家の四人兄弟の長男だった。高校を卒業した後、勉強が好きだったマウリツィオは、ボローニャ大学の農学部に進学する。

「イタリアで二度めの学生紛争がさかんになる時代より、七〜八年前のことです。当時のイタリアの大学生は、実によく勉強していました。それに真面目に学ばなければ、すぐ落第するような厳しい時代でもありました」

ダニエーレに出会ったのは、宿を始める何年も前だった。

「一九九四年九月です」

記憶も確かならば、何事にも正確を期する気質らしい。数字に弱いダニエーレが、彼を頼りにしている理由がよくわかった。

「彼が、ペスカーラで暮らし始めた頃でした。私は農学の専門家です。当時、ダニエーレの母方

不動産管理担当のマウリツィオ

の実家、ミレージ・セメント社は、ローマ、ベルガモ、ペスカーラの三工場だけでなく、数ヶ所に農地も所有していました。全部で二五〇ヘクタールほどでしょうか。ワイナリーに出荷する葡萄、オリーブ、小麦などを生産していました。

　ところが、農業に関して言えば、経営が杜撰でしたから、赤字を出していました。そこで私が相談を受けたのが、二〇〇五年のことです。任されたのは、そのごく一部の畑でしたが、ほぼ一年で収益を出し、二年後には経営状態を黒字にしました。その後、相続の問題などで一族は、二〇一二年までに農場のほとんどを売却した。今はペスカーラから八キロのスポルトーレの葡萄畑一〇ヘクタールなど、わずかに残るばかりです」

　なぜ、ダニエーレが家業を継ごうとしなかったのか、マウリツィオにも訊ねてみた。

「セメント産業は、イタリアでは公共事業によって潤う産業です。体育館、学校、役場、橋、道路、ダム、競技場、郊外のアパート、そういった大がかりな事業です。

　しかし、イタリアの伝統的な家屋にはセメントはほとんど使いません。ですから、戦後の復興で、五〇〜七〇年代、ダニエーレの祖父が社長だった頃まで、会社の景気はとても良かったのですが、その後はじわじわと衰退していった。そして、その祖父が倒れた後、叔父フェデリコの判断で、ペスカーラの工場もフランスの会社に売却されました。その後はイタリアの会社に転売され、九七年からは休業中です。まだ取り壊されてはいませんし、需要が生まれたら再開するかもしれませんが、今、思えば、フェデリコには先見の明があったというべきか、悪くないタイミングで売却したのではないでしょうか」

どうしてダニエーレは、多くの友人たちの中から不動産管理を彼に委ねたのだろう。

「ダニエーレとはかなり昔から知り合いですが、たぶん、その農場経営のことで、彼との信頼関係を築けたからではないでしょうか。ある時、宿の仕事も一緒にやってくれないかと声をかけてくれたのです」

経営状態はカオス

金銭的なことはあまり言いたがらないダニエーレに代わって、会社の経営についても思い切って訊ねてみた。

「私が働き始めた当時、経営状態は、一言で言えばカオスでした。

そもそも、長いこと人が暮らしておらず、廃墟のようだった空き家ばかりです。これをダニエーレのようなやり方で丁寧に修復し、宿として運営していくわけです。それにどれほどの資金がかかるのかさえ、よくわからずに始めていました。前例もないことでしたし、古い家具まで探して本物であることにこだわったのですから。それもプロの設計士や建築家はいたものの、プロジェクトの中心になったのは、彼の友人たちで、いわば素人集団です。

最初の三年、ダニエーレは、不動産の購入だけで一五五万ユーロ（日本円で約一億九〇〇〇万円　二〇〇三年当時）かけていますが、最終的に、投じた資金は四五〇万ユーロ（約五億六〇〇〇万円）を越えていました。

それでも二〇〇〇年代後半、「セクスタンティオ」の経営はとても順調でした。いわば、この宿の黄金期です。ところが、これを謳歌していたその矢先、二〇〇九年の地震で、彼らの高い理想は大きな痛手を負った。半年ほど旅行者の姿は、村から消えてしまった。

二〇一二年、私がすべての書類に目を通すと、当初に雇われた建築家や設計士には、常識の倍くらいの報酬が支払われていました。建築家は、この仕事をしたことで時の人のようにもてはやされましたが、蓋を開けてみれば、電気系統の配線も正確さに欠け、無数の補修や改修が必要でした。管理と運営だけでダニエーレは、約五〇万ユーロを費やしていました。もちろん、彼の管理能力が足りなかったことも事実です。しかし、二度の地震で旅行者が激減したことで、彼は、資産をほとんど費やしただけではなく、銀行からも借金をしなければなりませんでした。

ミラノの中心地にお父さんが持っていたペントハウスも、その借金を返すために手放さなければばならなかったのです。それでも足りず、兄のアレッサンドロにも借金をした。アレッサンドロは、お父さんの死後、同じように遺産相続したのですが、ダニエーレは、そのすべてを、山村の空き家を買って修復するのにつぎ込んだ。一方、アレッサンドロは都心のアパートを改装して売却したりしながら、むしろ資産を増やしていたのです。あの時、アレッサンドロに借金ができなければ、ちょっと大変でしたね」

ダニエーレは、自分は基本的に経営能力が低いからと呟いた。その具体的な話を、マウリツィオは、赤裸々に打ち明けてくれた。しかし、嘘をつけず、何事にも正確を期する彼が、私にどんな話をするかは想像がついたはずだ。宿の経営者としては、あまり知られたくない過去だったにちがいない。それを快く引き合わせてくれたダニエーレの率直さに打たれた。

暮れなずむペスカーラの海辺のプロムナードを散歩しながら話を聞いたマウリツィオの唯一の趣味は読書だった。ヴァカンスでも、仕事の合間も、暇さえあれば本を読む。年金生活の夢は、海辺の町で『イリアス』を原文でゆっくりと読むことだという。

話を聴き終えると、マウリツィオはこちらに向き直った。

「私には、一つだけ残念なことがあるのです。それは、もう少し前にダニエーレが、私に声をかけてくれて、一緒に仕事ができればよかったということです。そうすれば、サント・ステファノ・ディ・セッサニオ村だけでなく、彼が、すでに買っているアブルッツォ州やモリーゼ州の廃村も蘇らせる手伝いができたかもしれない、とそう思うのです。

しかし、もう彼に資金は残っていません。空き家ばかりの山村を救うには、まず明確な将来の運営のヴィジョン、そこで暮らす村人との同意、そして、それなりの資本が必要ですから」

別れ際に彼は、震災後に窮していたダニエーレに助け船を出してくれたというペスカーラの大型ホテルの経営者の名を教えてくれた。

「ペスカーラの本社ビルの一室を貸してくれただけでなく、経営の立て直しも、すべて無償で手伝ってくれたのです。マネージメントのプロを一人送り込んで、会計や収支もチェックしてテコ入れしてくれました。おかげでダニエーレは、翌年には、銀行からの借金もすべて返済することができたのです」

やっかいな持病を抱えたダニエーレは、突然、ぱたりと集中力が切れたり、疲労で動けなくなったりすることもある。マウリツィオに、これまで一緒に仕事をしてきて困ったことはないのかと訊ねると、気持ちのよいほど明快な返答が戻ってきた。

「ただの一度もありません。大切なのは信頼関係です。宿のことだけでなく、アフリカのNPO活動での送金なども、困った時には、真っ先に私に電話をしてくれます」

最後にダニエーレの山村再生の宿プロジェクトをどう思うかと訊ねてみると、マウリツィオは、きっぱりとこう答えた。

「間違いなく、時代を変えるような偉業だと信じています」

大型リゾートホテル経営者の助け船

ある日、二度の震災で経営難に陥っていたダニエーレのもとに、「ブルッセレーナ」社の経営者から、突然、電話がかかってきた。

「ダニエーレ、さあ、始めようか」

「ブルッセレーナ」社は、イタリア南部を中心に大型ホテルを展開していた。リーマンショック後に急成長し、二五〇〇人の雇用を生んだことで経済界の注目を集めていた。

建築業界の叩き上げだった創業者のカルロ・マレスカは、ある時、ペスカーラ郊外の倒産しかけた大型ホテルを買った。しかし、一九八七年、五二歳の若さで倒れ、これを相続し、ホテル経営に軸足を移しながら、現在の規模に育て上げたのは、三人の息子たちだった。

長男のシルヴィオ・マレスカは、二〇一九年、五八歳になっていた。父親が倒れた時はまだ二〇歳の政経学科の学生だったが、建築学を学び直し、ホテル業に身を投じた。

現在、グループは、プーリア州の海岸だけでも四つのホテルを所有し、サルデーニャ島、シチリア島、カラブリア州にも広大な松林や遊歩道を持つリゾートを展開していた。そのどれもが二〇〇～四九〇室を備えた大きな造りだ。

業界紙が、「ブルッセレーナ」の躍進の秘密は、そのサービスの質の高さだと讃えているように、温泉、スパ、タラソセラピー、フィットネス、プール、複数のレストラン、テニス場だけでなく、自転車道やウォーキングコースまで整備された広大な森を持つホテルばかりだった。ダイビング、山登り教室、託児サービス、愛犬と泊まれる部屋、二四時間常駐の医師と、いたれりつくせりで、中でも自然保護区の広大な緑の中に一〇〇棟以上の離れが点在する「エセラ・リセルヴァ」は人気が高かった。

しかし、いったいなぜ、モダンなリゾート型ホテルの経営者が、ダニエーレの山村の宿に助け船を出したのか。それを本人の口から聞いてみたかった。

シルヴィオは、若い芸術家たちへのメセナ事業でも知られ、ペスカーラの本社の敷地には、奇抜な現代彫刻が展示され、ギャラリーが併設されたばかりだった。

緊張しながら社長室に向かうと、そこで待っていたのは、仕立ての背広にネクタイ姿ではなく、ポロシャツ姿の気さくな人物だった。

「いわゆるイタリアの大会社の社長のイメージを裏切る男だよ。彼は社会派だからね。フェラーリやブランド時計を見せびらかすタイプじゃない」とダニエーレに言われたことを冗談めかして告げると、シルヴィオが笑い出した。

「でも、父は有名な車を二～三台持っていましたよ。彼が、子供の頃は貧しかったからね」

まず、どうして経済難のイタリアで、同社が伸びているのかを訊ねた。

「一つには、これまでイタリアには、旅行会社が経営するホテルが多かった。ところが、賃貸料は決して安くない。おまけに旅行も、インターネットで商品が売り買いされる時代には、具体的な情報がすぐにまわる。そこで問われるのは、サービスや設備の質です。

そういう意味では、旅行会社には、現場に根ざした経営力が欠けていた上に、ホテルの造りはいたって均質的で、サービスの質もあまりよくなかったことが露呈した。

「ブルッセレーナ」社のトップ、シルヴィオ・マレスカ

彼らは、現代の観光客の傾向というものも、しっかりと把握していなかった。そうした会社がどんどん潰れていった結果、僕らの会社が育ったという側面もあります。

それにこの数年、ペスカーラ、というより南部全体が、経済的に好調だった。観光の分野では、イスラムの過激派組織のせいでアフリカ北部が危険だというので、モロッコ、アルジェリア、エジプトに旅行していた層が、こぞって安全地帯を求めてイタリアの南部にやってきたこともあります。こうした流れに背中を押されて、南部に質のよい観光の受け皿の需要が生まれたわけです」

トップ不在のような状況

まずは、ダニエーレとの出会いについて訊いてみた。

「知り合ったきっかけは、彼のペスカーラの家を借りていた彫刻家が、僕の友人だったからです。その彫刻家を介して弟も一緒に彼に会ったのが、一二年ほど前でしょうか」

さっそく、最も訊きたかった質問を投げかけた。なぜ、地震で客が激減し、経営難に直面していたダニエーレのホテルを救おうとしたのか？

「なぜでしょうね。まあ、僕らが経営している海辺の大型リゾートホテルは、言うなれば、フランスの文化人類学者マルク・オジェが言うところのノン・リュー（Non-lieux 非‐場所）のようなものですから。あまり個性のない場所です。

それに比べて、ダニエーレのホテルは、小さな村そのものが宿泊施設になったようなものです。純粋に面白そうだったし、そうした場というものへのある種のノスタルジーです」

まるで、美術評論家のような答えが返ってきた。

しかし、アルベルゴ・ディフーゾのどこにテコ入れの必要があったのかと訊ねると、彼はふたたび厳しい経営者の顔に戻った。

「ダニエーレのアイデアは、すばらしかった。でも、ホテル経営はなまやさしいものではありません。その点、僕らはホテルの経営に関しては経験を積み上げてきたプロです。だから、ダニエーレと一緒に何かやれたら面白そうだとも考えた。でも、これまでは仕事ではなく、友人としての援助に留まっています。

というのは、最初は、会社の内部に介入することで、彼の会社の自由な経営のあり方のバランスを壊してしまうのではないか、という危惧もありました。そこで敢えて友人としての援助に留まった。ここのオフィスを二年間、使ってもらったので、密に会って話し合うことができて、今ではよく互いに理解することができました」

ホテル経営という側面から見た場合、何がうまく機能していなかったのだろう。

「経営に関しては、語弊はありますが、トップ不在のような状況でした。

ダニエーレは、自分の考えを押しつけることはしたくないタイプです。理想とする哲学を持ち、熱心にこれを伝え、広報的にはとても成功していました。

しかし、実際の経営のことになると、現場の様々な問題に対処するプロが不在でした。今の支配人、ヌンツィアも本業は民俗学者ですし、苦労していました。そこで、ウンベルトというホテル経営のプロを送って、運営の収支についての書類にも徹底的に目を通してもらったのです。宿の経営には、たとえそれが、村の存続と文化財を保護するのが最大の目的であったとしても、日々、訪れる客の要望に向き合い、現場で働く人たちにも、地元の人たちにも寄り添って、様々な問題に対処し、その解決に適確な決断を下す人間が必要です。ダニエーレは民主主義を重んじるあまり、誰かに上からものを言うということはどうもアレルギーのようで、僕らから見ればトップが不在の状態だったのです。

全体の経営に関して言えば、運営そのものはちゃんと機能していました。問題はコストでした。

そこでまず、コストをいかに削減するかということについて徹底的に検討しました。調べてみると、ダニエーレは、空き家の修復にあたって想定の二〜三倍の費用をかけていました。ほとんど働かない人が、不当に利益を得ていたケースもありました。そうしたロスを見直したのです。明らかにロスが大きかったのは、レストラン経営でした。地元の質の高い素材にこだわったこと、山村の運送費なども嵩《かさ》み、うまくまわせているとは言えませんでした。そこで彼はとても残念がっていましたが、すぐに外部に任せることを提案しました。

もう一つ提案したのは、クリスマス休暇が終わった後、寒さが厳しくなる二〜三月、観光客が最も少なくなる時期に、思い切ってホテルを閉めるという決断です。これも彼は残念そうでしたが、調べてみると、残りの季節で稼いだ分を、その時期に失う悪循環に陥っていました。基本的に年に七〜八ヶ月だけの運営で経済を立て直すという提案をしました」

これをほぼ実現したおかげで、ダニエーレの宿の経営は安定し、二〇一八年末には、銀行からの借金も全額返済することができた。シルヴィオ兄弟はまさに恩人だった。

プラスチックと水の問題

しかし、シルヴィオが一緒に仕事をしてみるのも面白そうだったと言ったのは本音のようで、ダニエーレに案内されてルワンダにも同行していた。

「彼とは、ルワンダのプロジェクトだけではなく、彼がすでに購入しているアブルッツォ州の廃村を復活させるプロジェクトをやってみたいと考えています。ただ、村の空き家や廃村の修復には、通常のホテル建設の数倍もの資金が必要です。だから資金面では、ＥＵか、国からの何らかの援助がなければ難しいだろうとも思います」

目下、ホテル経営者としてのシルヴィオが頭を悩ませているのは、脱プラ化の動きと水問題だという。

「ヨーロッパは、使い捨てプラスチックの使用を禁止するという目標を掲げています。でも、現在もホテル経営は、プラスチックにとても依存していますし、これに代わる素材はなかなか難しい。紙コップも、まだまだコストがかかる。それ以上の問題は水です。ホテルはものすごく水を消費しますから。それでも、今後、大型ホテルが、持続可能であるための鍵は、どれほど本気でエネルギーと環境の問題に取り組めるかだと思っています」

それはただの美辞麗句ではなかった。マレスカ兄弟の三男は、風力発電を中心とした再生可能エネルギーの会社を経営しており、カラブリア州で手がけている「セレーナ・カラブリア」は、すでに、ソーラーパネルなどでエネルギー自給のホテルを実現していた。

非‐場所とは？

日本に戻ると、帰宅途中の書店でさっそく、マルク・オジェの著作『非‐場所　スーパーモダニティの人類学に向けて』（中川真知子訳　水声社）を探した。そして、なぜ自分が、ダニエーレのホテルに惹かれたのかが、よくわかった。

オジェは、現代人の日常に増えていく非‐場所について論じていた。

彼の唱える非‐場所とは、人や財を加速して循環させるために人類が創造してきた空間なのだという。それは高速道路、立体交差、空港といった設備であり、交通手段そのものでもあり、また巨大ショッピングセンター、リゾートホテル、競技場といった空間であり、巨大病院、難民キャンプ、スラム街といった非人間的な空間までも含む。そして、それは都市への集中が起こり、人口が移動するとともに増大していくのだという。

ならば、オジェの考える場所とは何か。

それはコミュニティーの集団的な記憶が堆積するような場所である。場所というものが、人がアイデンティティを構築し、関係を結び、歴史を持つとするならば、非‐場所は、そうしたことが実現できない空間なのだという。

世界中、どこも同じような均質な空間が増えていく中で、オジェは、人類学は、この謎をもっと真剣に解き明かすべきではないか、という疑問を投げかけていた。そうした非－場所を増大させているのは、どこかの権力者ではなく、効率的で、変化に富む現代生活を享受する私たち自身だった。

飛行機で足をむくませながら大移動し、国際空港に降り立ち、効率性ばかりを追求した結果生まれた灰色の無機質な通路を、大荷物を転がしながら黙々と通過し、混み合う三つの交通機関を乗り継いで、ようやく帰宅したばかりの東京の住民には、あまりにも身に染みる一冊だった。

第七章　山村の伝統を守る人たち

地元の伝統料理にこだわる

白い磁器に盛られたジャム、絞りたてのオレンジや桃のジュース、数種のタルト、新鮮なリコッタチーズ、ペコリーノチーズ、ヨーグルト、サラミや生ハムと、「ロカンダ・ソット・リ・アルキ」の朝食は、どれも地元の手作りの品ばかりだ。プーリア州と共有するドーナツ型の焼き菓子タラッリも並んでいる。地鶏の茹で卵の隣に置かれた定番は、この地域独特の薄い卵焼き、フリッタータだ。それには、ビタルバという野草の芽やストリゴリと呼ばれる白玉草が使われていた。

レストランのメニュー作りにあたって、ヌンツィアたちは、地元の農家をめぐり様々な料理を教わった。自給自足の山の農家では、庭先や畑のあぜ道に生える野草から、貴重なミネラルやビタミンを得ていた。

「だから敢えて貴族的な料理ではなく、庶民的な料理を中心にしているの。それもアブルッツォ料理でもなく、グラン・サッソ国立公園の東側の村々の伝統料理にこだわったのよ」

たとえば、アブルッツォ州の代表的な料理といえば、一番に挙がるのは、串焼きの羊のアロスティーニである。けれどもそれは、地元ではどちらかといえばもてなし料理で、一頭を無駄なく調理する羊農家では、ひき肉や煮込みが多く、肉を叩いて様々な野菜と組み合わせてパスタにもする。

通年、メニューに出しているのは、リコッタチーズを包んだ大きなラビオリを、サフランのソースでいただく郷土料理だ。サフランは、フェデリコ二世が、生まれ故郷のシチリアからアブルッツォ州に伝えたと言われる名産で、今でこそ高級食材だが、この地域では、農家の庭先で取れたことから、少し前までは鶏肉料理やパスタにもよく使われていたそうだ。

店には、ただ半分に切ってローストしただけのじゃがいももあるが、不思議とそんな素朴な皿の方が心に残る。いろんな店で業務用の冷凍ポテトが供されるたびに、その高地のいものねっとりとした食感と味わいを思い出す。

祭りの日の特別料理から農家の創作料理まで、地元で聞き取りをしたヌンツィアが、中でも魅了されたのは、農家の人たちが薬代わりにしてきたハーブの知恵で、その薬草学のリサーチから生まれたのが、村のハーブティー専門店だった。

国立公園内では、自然保護の観点から野草や花を摘むことは禁じられている。そこで野草は公園の外で摘み取り、天日干しにする。五〜一〇種のハーブをブレンドして、リラックスできるお茶、疲れがとれるお茶、消化を助けるお茶、活力が湧くお茶、美肌になるお茶……といった商品を開発した。

人件費が高いので、夕食後に店が閉まっているのは残念だが、歳月とともに店は少しずつ落ち着き、グレゴリオ聖歌が似合う癒やしの空間になってきた。

また、特徴的なのは、様々な豆が多用されることだ。レンズ豆、いんげん豆、ひよこ豆、チチェルキア（連理草の豆）、聞いたことのない絶滅危惧の在来豆もあり、パスタにもよく使われていた。その中でも、この村を代表するものが、在来のレンズ豆だった。

「この辺には、昔から作られてきたいろんな豆や小麦が残っていた。その中に標高の高いところで育つおいしい在来のレンズ豆があるの。生産者も一〇人ほどしかいなかったから、組合長にお願いして、レストランでこれだけは年中、味わえるようにしているの」

そうヌンツィアが教えてくれた。

在来のレンズ豆を守る男性

その昔、ダニエーレが、村にようやく完成したばかりの宿の一室で暮らしていた頃、ある晩、扉を叩く人がいる。誰かと思って出てみると、顔見知りの村人が立っていた。その頃は、都会で働いていたが、休みのたびに村に戻っては祖父の畑を手伝っている青年だった。

その相手が、いきなりこう言った。

「お前は、僕らの村を買ってしまう気なのか」

相手が興奮している様子なので、ダニエーレは、自分にはそんなつもりなど微塵もない。第一、自分が買ったのは、集落の五分の一に過ぎないとなだめなければならなかった。

それがエットレ・チャロッカだった。エットレという名は、ギリシャ神話の英雄ヘクトールに由来する。その後、彼は村に戻って農業を継いだ。

ダニエーレは、続けた。

「メディアの報道も悪かった。一人の男が廃村を救った、なんて新聞に書かれたから、そりゃ、村の人たちも頭に来るさ。そもそも村の活性化なんて一人でできるはずもない。

エットレは、そうやって何かと噛みついてくるけれど、僕は彼が名物のレンズ豆を守ってくれていることを、とてもありがたいと思っているんだ。この村のアイデンティティだからね。それに、この山村には、他の地域にはよくいるような働かない農場主と、畑でこき使われている労働者はいない。農家はみんな、ちゃんと自分たちの手で畑を耕しているからりっぱだ。家族経営の小さな農業ばかりだから、山村の風景も美しいんだ」

レンズ豆の生産者、エットレ・チャロッカ

彼のマイナーな文化遺産の定義に照らしてみても、村人の暮らしが続いていくことが大前提で、そこに本物の食文化が残っていることは、集落の価値を高める要だった。

しかも高原の寒冷地で育つ在来のレンズ豆は、グラン・サッソ国立公園の裾野だけで生産されている希少な食材だった。エットレたちの組合では、これを種から育てている。

調べてみると、最古の記述は、九九八年の修道院の記録だった。普通のレンズ豆よりもやや小ぶり、紫色を帯びた茶緑色で、丸みがあり、うま味が深い。「サント・ステファノ・ディ・セッサニオのレンズ豆」として、スローフード協会の希少な地域食材にも選ばれていた。


二〇一六年、エットレが帰郷した時、彼は四〇歳だったが、村の農家では最年少だったので、前会長からレンズ豆生産組合の会長を任されることになった。

長年、彼は、鉄橋造りのエンジニアとして生計を立ててきた。当時はイタリアでたった二人しかいなかった専門職で、チームの責任者でもあったことから、国内各地のみならず、アメリカ、セルビアなど世界各地を飛び歩く、忙しい日々を送っていた。

ところが、リーマンショックの煽りを受けて会社が倒産、突然、職を失った。その年、エットレは村に戻って農家を継ぐ決意をした。

黒髪を短く刈り上げて、青く澄んだ大きな目をしている。

「もともと、いずれは村に戻って農業をしようと思っていたから、会社の倒産は、きっかけになっただけだ。父は学校の教師で農業は趣味程度だったけど、僕は子供の頃から祖父の手伝いをして育ったから、畑仕事が好きなんだ」

とは言え、山の農業は重労働である。エットレは朝から晩まで働いている。あちらこちらに点在する五八ヘクタールの畑を、トラクターで駆けまわっている。夕方には、湖のほとりにシモーネたちが始めたバールで、仲間たちと一服するのが日課だった。

この地方では、昔から数種類の小麦、じゃがいも、豆類の輪作を続けてきた。また、羊の移牧文化が、長い間、この地域の経済を支えてきたことで、小さな畑には敷居や塀もない。そのため、小麦、豆、じゃがいもと異なるものが植わった帯状の細い畑が連なる谷間の姿は、緑の絨毯を敷き詰めたように美しかった。

トランスマンツァの伝統と、この景観が美しく、また希少でもあることから、二〇一九年には、ユネスコの世界無形文化遺産にも選ばれた。

レンズ豆の収穫は、真夏の暑い頃だが、乾燥させて保存できるので、村に滞在すれば、通年、味わうことができる。肉や骨などのだしを一切使わなくても、レンズ豆とオリーブ油、にんにくを一かけ、塩だけのスープが絶品なのだ。焼いたパンも何も入れないシンプルな「ラ・ベットラ・ディ・ジェペット」のスープが、私はお気に入りだった。

その店で最初に注文した時、うま味が濃いのでいったい何のだしを使っているのかと訊ねたところ、隣のテーブルの初老の客に、「何も入れる必要はないのです。豆は、ガリアの肉と呼ばれているのですよ」と指南された。ガリアの肉、ガリア人、ローマ帝国と戦ったこのケルト系民族を、山岳民族の末裔たちがどう捉えているのかは測りかねたが、日本でも畑の肉などと呼ばれている大豆と同じ世界があることはよくわかった。

獣害に頭を悩ます

そのエットレが今、頭を抱えているのは、近年、数が増えているイノシシの獣害で、これもまた日本の山村と同じ悩みだった。国立公園では、基本的に農薬の使用も禁じられている。ただでさえ、歩留まりが悪いオーガニックの豆である。市場では、高原のレンズ豆の評判は上々で需要は増えているが、輪作の畑で作るレンズ豆の生産量は決して多くなかった。

それをイノシシに食べられるのは死活問題だった。

エットレは、ズボンのポケットから携帯を取り出すと、大小一〇頭ほどのイノシシが、列をなして収穫前の豆を貪《むさぼ》る写真を見せてくれた。

「湖に水を飲みに来るイノシシの家族が、収穫前のレンズ豆の畑を狙う。去年は四割もイノシシの餌になった。だから僕は、申し訳ないけど、電気柵は立てさせてもらうよ」

エットレがそんなことを言ったのは、ダニエーレが、日頃から、村には農具置き場に至るまで、生態系や景観に負荷をかけるものは作るべきではないと繰り返していることへの反発だろうか。それとも、石積みや木造の塀も何もない輪作の畑の風景が、世界無形文化遺産となったことへの気兼ねだろうか。

とにかく私は、彼に深く同情した。イノシシの被害が深刻化したことで、近郊の村にはやめてしまった農家も出ていた。

若い頃の彼が、広場のバールで、北部からやってきた金持ちが村の空き家を買い、宿にすると耳にした時、急にこみ上げた憤りがわかる気がする。

そもそも日本の過疎という言葉も、イタリアの廃村や半廃村といった表現も、故郷の山村に暮らし続ける人たち、あるいは、そこを愛しながらも離れざるをえなかった人たちには、あまりに切ない響きである。水源地域に暮らす人々の文化と、その暮らしが支える環境保全というものに価値を置かない、冷たい行政用語に過ぎない。都市に集中し過ぎる人口や自然の中で暮らす技術の伝承を危惧するのなら、まず、そうした表現から見直していくべきだ。

空き家ばかりのこの村は半廃村と呼ばれてきたが、エットレには、村を捨てたつもりなど一度もなかった。結婚して家族を養っていかなければと考えた時、山の農業だけでは心もとなかった。現金収入を得るために、村を離れざるをえなかっただけだ。

実際、エットレは、一九九〇年代半ば、村に戻る住民にアブルッツォ州が古民家修復の補助金を出した時、すぐに手を挙げた。村の郊外に移していた実家を改装し、農家民宿にする準備を進めた。いずれは村に戻り、子供の頃から覚えた農業と宿を両立させていこうと計画していた。そんな地元住民の想いにはスポットを当てず、後からやってきたよそ者ばかりを称賛するマスコミにも腹が立ったのだろう。

だが、この山村が、空き家だらけの村になってからも何とか続いてきたのは、エットレのような故郷を愛する住民たちがいたからだった。


村に戻って五年が過ぎ、村一番の働き者、エットレのダニエーレへの評価は、かなり変化してきた。

「後になって、彼がものすごいお金を使ってしまったことも知った。それに村のマーケティングという点では、本当によくやってくれたと思う」

それから、貴重な農家の後継者であるエットレは、少し悲観的な調子で言った。

「僕もダニエーレもやってくるのが、遅かったのかもしれない。本物の農業を取り戻すのは難しい。遠くない将来、石油が枯渇するかもしれないと言う。それじゃ、もう一度、馬で耕すとなっても、祖父や父の代までは馬で耕作した経験があっても、僕には経験もない。道具さえ、手元に残っていない。きっと自然と人間の距離は、もう本質的に変わってしまったんだ」

これ以上、自然を壊すな、生き物を殺すなという環境運動家たちの主張もわかる。しかし、森に餌が減ったと畑を一網打尽にしていくイノシシ一家も自然ならば、日照り続きで作物を枯らしてしまうのもまた自然だった。その只中で生きるエットレのような生真面目な農家は、日々、葛藤していた。その葛藤こそが、村の再生のための真の胎動なのではないか。

数日後、村から谷間を見下ろすと、そこには、相変わらず見事な輪作の畑が織りなす、緑のグラデーションが拡がっていた。ところが、よく目を凝らすと、その中に目立たない緑の電気柵をめぐらした一枚の畑がある。周囲の風景によく調和する色彩の、ごく控えめな柵だった。それは、エットレの畑の一つだった。

思わず、心の中で叫んだ。

「エットレ、合格！」

エットレのレンズ豆

彼は今も、山の畑仕事のさなか、陸橋技師だった頃の部下から電話がかかってきたりすると、いったい自分はここで何をしているんだと、ふと思うことがあるという。

朝から晩まで汗だくになって働いても、山の農家の収入は、技師時代の半分以下だった。それでも彼は、この仕事が嫌いではない。幼い娘も、父の仕事が大好きだと言ってくれる。その娘のためにも、エンジニアとしてできるだけ技術革新を進めながら、山村の農業をきちんと家族を養っていけるものにしていきたいと言う。

そのまた後日、ペスカーラの高級食材店の一角に、各地の豆が並ぶ棚を見つけた。そこにエットレのレンズ豆が、他の地域のレンズ豆のほぼ倍の値で売られていた。特にオーガニックの認証マークもないし、あのおいしさも畑も知らなければ、その値段に悪態をついていたかもしれない。この時、ふと瞼《まぶた》に浮かんだのは、エットレが携帯の写真で見せてくれた、レンズ豆を夢中で貪るイノシシの群れの姿だった。思わず三つも買い込んだ。

世界で最も美しい城の一つ

『ナショナル・ジオグラフィック』誌による、二〇一九年度の最も美しい世界の城一五の一つに、アブルッツォ州のロッカ・カラッショの中世の古城跡が選ばれた。

もし、旅で晴れた日に行き当たれば、山頂の古城から、アペニン山脈の山々の雄大な眺めと、ティリーノ川が潤す緑の谷間を見渡すことができる。

これほど風光明媚な場に聳える城が、なぜ廃墟のまま放置されているのか、最初は不思議だった。しかし、調べてみて納得した。城愛好家たちの調査によれば、イタリアには、誰が見ても城と認める建築だけでも三一七七城あり、うち個人が住居として所有するのが二四〇四城もある。現代のイタリアには、二〇〇〇人以上の城主様が存在していた。

そこで世界遺産に選ばれた城を調べてみると、これが、映画『薔薇の名前』にインスピレーションを与えたプーリア州のフェデリコ二世が建造したデル・モンテ城くらいのものだ。ならば、国の指定文化財はどうかというと、これも各地に残る大聖堂などが中心だった。

しかもイタリアでは、かつての領主が所有していた屋敷や要塞だけでなく、城壁の中に農民たちの住居を抱えた城塞集落のこともカステッロ＝城と呼ぶ。そうなると城の定義はさらに拡がり、その何倍にも増える。文化財保護の予算も、そこまでは手がまわらないというのが実情のようだった。


ロッカ・カラッショの古城は、中世初期の小さな砦跡に、この地域一帯の防衛と羊の放牧を管理するための城が建てられたのが起源だ。これを現在のような四つの塔を持つ城壁に囲まれたりっぱな要塞に改修したのは、一五世紀末、シエナの貴族ピッコローミニ家で、その後はメディチ家が周辺の村々とともに、これを購入した。

ところが、一八世紀の地震で城が半壊すると、城壁内に暮らしていた住民たちのほとんどが、山麓のカラッショ村に移住した。

やがて、城はナポリ王国のブルボン家から個人へ売られ、その城主が一九五〇年代末に城を去ると、廃墟化が進む。八〇年代には、自治体が足元の耐震補修を施し、現在に至っていた。

この城が、輝かしい一族たちに愛された理由は、その経済を支えた羊たちを放牧する高原に近く、移牧を管理できる要所だったこと、そして、この地の美しさだった。

取材の途中、ダニエーレの宿で結婚式を挙げたという二人に出会った。スペインで働くイタリア人と、スペイン育ちの韓国人カップルだった。五〇人ほどの親族や友人たちが村中に分散する宿に泊まっていた。韓国からやってきた花嫁の母親が、チマチョゴリ姿で村を散歩する光景は、優雅で、いかにもこの宿らしくもあった。

「ロカンダ・ソット・リ・アルキ」で披露宴をし、結婚式はというと、ロッカ・カラッショの古城に神父を呼んで挙げたのだという。よく晴れた日で、遠くからの参加者たちにも忘れられない思い出になったと、二人は興奮気味に話してくれた。

機織りをするローマ女性

さて、その山の頂きにロッカ・カラッショの集落が残っている。

ここに、一人で暮らしながら羊毛の機織りをするヴァレリアという女性がいた。ローマからの移住者である。生粋のローマっ子で、父親はジャーナリスト、母親は編集者、やや左寄りの家庭で育った一人娘だった。

彼女は、二〇歳の時から一年の半分以上を、この村で過ごしてきた。きっかけは、おばが、麓のカラッショ村に買った小さな別荘だった。ヒッピー・ムーブメントの頃にイタリア中で起こっ

ロッカ・カラッショの集落は山頂。手前はカラッショ村

た農村回帰の志向に、おばは、ある種の憧れを抱いていたのだろうと言う。

「でも、おばはちっともその家を使わない。それで、子供の頃から何度か遊びに来ていた私が使うようになった。不思議よね、二〇歳までヴァカンスといえば、海だった。友人たちは、みんな山へ行くのだけど、山なんかで何をして過ごすわけと思っていたのにね。

　高校を出たら、ローマの修復学校に通うつもりだったけど、受験に落ちちゃったの。三〇〇人が受けて一〇人しか受からない狭き門だった。でも、それがきっかけで染色の道に進もうと思い始めて、この地域に行き着いたのよ」

　ヴァレリアは、ローマのトラステヴェレ地区でも友人たちとアトリエを運営し、バイクで一時間半の距離を行き来しながら山暮らしを続けていた。

ヴァレリアと機織り機

結婚して二児をもうけたが、その後、離婚し、両親の支援も受けながら二人を育ててきた。長男は独立し、次男が、実家から高校に通い始めたのを機に本格的に山で暮らし始めた。

「この村にも、一九八〇年代までは三〇人くらい住んでいたそうよ。今は、夏の観光シーズンだけ戻ってきてレストランやバールを開く村人がいるけれど、冬もずっと暮らしているのは、女ばかり三人よ。地元のおばあさん、それに私、最近、民俗学を勉強している画家の友だちが住み始めたの」

環境意識の高まりとともに、農村回帰は、イタリアの都市部の若者たちの間でも新しい潮流となりつつある。しかし、標高一四六〇メートルの岩山の集落に女一人で暮らす移住者は、かなりの筋金入りだった。夏場も風向きによっては、急に冷たい雲の中に隠れてしまうような山の集落である。冬の厳しさは想像にかたくなかった。食料の備蓄だけでも大変だろう。

こう書くと、まるでヴァレリアは現代の隠者のように見えるかもしれないが、暖かい季節には、雄大な山々の眺めが拝めるとあって、ロッカ・カラッショ村には意外なほど人の往来がある。それにローマの下町に通うことで、精神的にバランスがよいのだという。

長い黒髪を三つ編みにしたヴァレリアは、四〇歳を過ぎた今も、二児の母というより、学生のようだ。化粧もほとんどしないし、おしゃれといえば、自分で織ったバンダナやマフラーくらいで、いつも動きやすいパンツ姿で、小さなバイクでどこへでも移動する。

庭先には、自ら染めた茜《あかね》や黄の羊毛が干され、アトリエの壁は明るい空色、その真ん中を木製の機織り機が陣取っていた。観光シーズンには、ここで冬の間に作った羊毛のマフラーや帽子、バンダナなどを旅行者に売り、夏だけ、一階を雑貨店のイタリア人とタイ人の夫婦に貸すことで何とか生計を立てていた。

そして、このヴァレリアが、目下のダニエーレの恋人だった。

彼のそれまでの人生には、何人もの恋人たちがいたという。最初に取材した時、結婚しているのかと訊ねたダニエーレは、突然、シャツの腕をめくり、なまなましい刃物の跡を見せながら、こうぼやいた。

「これは前の彼女。ほとんど殺されかけた。もう女はこりごり」

そんなショッキングな逸話の後で、ダニエーレは、自分がＨＩＶポジティブという持病のせいで日常的に苦労していることを教えてくれた。

一年のうち、三ヶ月ほどはローマ、一〜二ヶ月はアフリカで過ごし、残りは宿のあるサント・

ステファノ・ディ・セッサニオ村で過ごす。しかし、持病を悪化させないためには、薬の服用だけでなく、規則正しい生活をしなければならないという。そこで旅行先でもない限り、一日のサイクルをほぼ変えない。

「ローマにいる間は、朝はだいたい八時に起きて、仕事して、一二時には一度、家に戻って、ペルー人のお手伝いさんが作る昼食を食べ、午後はだいたい一時間、二時頃まで昼寝をする。そうしないと身体がもたない。急にぐったり疲れたりする。

それからコーヒーで目を覚まして、午後は一八時半頃まで働く。村から離れている時は、行きつけのバールで、ずっとコンピューターとにらめっこ。友人に夕食に誘われたりしない限り、だいたい一八時半頃には夕食を食べて、一一時半か一二時には寝る」

薬を飲み続けているから、お酒もあまり飲めない。

「普段はビールくらい。ウォッカを飲んで踊って発散するのは、年に二〜三度かな」

そのダニエーレが、ある年、ローマの下町にできたローフードの店に通い、昼も夜も、野菜や豆類ばかりのポーションもいたって控えめの健康的な料理を食べ始めた。

人を誘っておきながら、「これ、おいしいと思う?」と怪訝な顔をする。理由は、ヴァレリアに普段の食生活を、もう少し気にかけるようにと注意されたからだ。

「コーヒーが大好きで日に一〇杯くらい飲んでしまう。しかも砂糖をいっぱい入れるから、糖尿病になると、彼女が心配してね」

ヴァレリアは、ダニエーレより九歳年下だ。健康的に日焼けしたローマ人の二児の母と、北欧の血が入った色白の大柄なミラノ人が、狭いローフードの店に並んで座っている光景は、何だか微笑ましかった。

ダニエーレも世話をされているばかりではなかった。ちょうど難しい年頃に差しかかったヴァレリアの次男は、ダニエーレがローマに滞在する間、よく、そのアパートにも泊まりに来るという。

「父親代わりなんて気はさらさらないけれど、僕には何でも話しやすい、なんてあの子が言うんだよね」とまんざらでもなさそうだった。

日本の藍染めを学びたい

二人が出会ったのは、ロッカ・カラッショの集落だ。ホテル造りを始めた頃、ダニエーレは、村から古城までの山道を散歩コースにしていた。ある日、当時の愛犬を連れて歩いていると、ひと気のない山村でいきなり「ここで何してんの？」と声をかけられた。

見れば、そこには場違いな若い女性である。旅行者の風情でもない。驚いたダニエーレが何も答えられずにいると、相手は、それ以上の興味を示すでもなく、さっさと行ってしまった。それが、ヴァレリアだった。

「軽やかな声で、いかにもローマっ子って感じのアクセントで、いい顔をしていた。頭の良さそうな子だなと。でも、何だか照れてしまってね」

それをヴァレリアに伝えると、「覚えてないわね。作り話じゃないの」と笑い飛ばした。

その後、二人はずっと友人同士だったが、ダニエーレが前の恋人と破綻した五年前に急接近した。ダニエーレによれば、ずっと前からアプローチしていたが、彼女は自分には目もくれなかったのだという。

「一度、僕がセルビアをバイクで一人旅していた時、転倒して怪我をして、現地の病院に運ばれた。同情してもらおうと、彼女に電話したけど、耳を済ますと、電話の向こうで機織りの音がやまない。こっちは一生懸命なのに、話半分にしか聴いてない。ずっとそんなふうだった。でも今は本当に僕のことを愛してくれているから、それだけで充分」

この件については、ヴァレリアもよく覚えていた。

「ダニエーレは、よく電話をくれたけど、ずっと無視していたの。ミラノ人だし、自意識過剰だし、年をとって格好よくなったけど、若い頃は、ローマ人の美男の基準では、まあまあだった。でも、六年前かな、あれ、この頃、電話がないなって思った。その時、はっきりと自覚したの。彼が電話してくるのを楽しみにしている自分をね。それからかな」

それでも気の多いダニエーレと付き合うのは、苦労が耐えないらしい。一度は、彼女が短気を起こして投げた携帯が当たり、ダニエーレの左目の上に大きなアザができた。

「なぜかな。女性たちに虐待されているのは僕の方なのに、誰一人、同情してくれない。僕は被害者面が好きだから、その時も同情してもらおうと、かかりつけの病院に行くと、院長まで、君はつくづく女性の扱い方を知らないんだね、だよ」などとすっとぼけている。

けれども、そんな彼女に羊毛の機織りを教えたのは、ダニエーレだった。


それから一〇年以上の月日が経ち、ヴァレリアはぐんぐんと腕を上げた。機織りの技術を持ったお年寄りが減っていく中で、貴重な毛織物の後継者として期待される職人の一人に育っていた。野草を摘んで染めもする。微妙に色合いが違う黄色は、地中海原産のカレープラントやセイヨウオトギリソウ、コウヤカミツレ、砂色はクルミの葉や青い殻だった。


数年前、消えそうな毛織物の技術を継承する彼女の生き方が国営放送のドキュメンタリー番組で紹介された。村に戻って在来のレンズ豆を守るエットレや野生の狼を守る人々とともに、山村で暮らす次世代に焦点を当てた番組だった。放送後、この地域出身のある初老の紳士から、彼女に、たくさんの草木染めの毛糸とともに一通の手紙が届いた。

そこには、こんなことが書いてあった。

「番組を観て、あなたの物語に心惹かれました。過去のものに価値を与えてくれるあなたの生き方を、尊敬いたします。そして、九二歳になる母の隣に座っていて、ふと思いついたことがあります。もし、あなたがお嫌でなければ、いろいろな色に染めた毛玉を贈らせてください。母が、あなたの年の頃から大切に保管してきたものです。あなたのこれからの人生が、いっそう彩りに満ちたものでありますように」

ヴァレリアは、「私の宝物！」と言って手紙を胸に当てると、嬉しそうにこれをしまった。

コロナが収まったら、藍染めの技術を学びに日本に来るのが目下の夢だという。

「世界中に藍染めはあるけれど、日本の藍染めの技術は本当に高いのよ」

メディチ家が財をなしたという黒い羊の毛カルファーニャの糸を初めて目にしたのも、彼女の家だった。羊の数も減り、今や希少だ。かつて、僧衣にも使われたつややかな焦げ茶色の羊毛だが、伝統工芸を重んじるこの国でも、現代の修道士が、糸からイタリア製をまとう割合は極めて低いという。日本の作務衣や剣道着における国産の藍染めと、ほぼ同じ状況だった。逞しいヴァレリアの暮らしぶりに、大量生産の洋服の対極にある装いについて、たくさんのことを教わった。

彼女や支配人のヌンツィアのような懐の広い女たちに支えられながら、ダニエーレはその情熱を山村の宿に注いでいた。

「ダニエーレと付き合うのは、ほんとに大変」と言いつつも、アフリカやジョージアへ一緒に出かける時には、その体調管理をするのも彼女だ。

ヌンツィアも、宿の支配人の領域を超えた親友で、ダニエーレの出張の時は空港まで送り迎えをするし、愛犬を預かることもしばしばだ。その彼女が、こう言うのだった。

「ダニエーレが社交的で、いつも快活だからって、私たちは、よく彼が病気だってことを忘れてしまっているでしょう。彼もあまりそんな素振りを見せない。けれども、やっぱり体調が悪い時はあるのよ。だから、みんなで配慮して、手伝えることはしてあげようと思うの」

羊のチーズ職人

サント・ステファノ・ディ・セッサニオ村から、車で一〇分ほどのところに、カステル・デル・モンテという村がある。山の稜線に沿って、円錐形に家々が連なる城塞集落で、足元から見上げた時の幾何学的な美しさは、唯一無二である。

その村で、チーズとサラミの直売所を経営しているのが、アレッサンドロ・ペッリーニ夫婦だ。彼らもまた、他の町からの移住者だった。

彼が作る羊のチーズ、カネストラートも、スローフードの希少な地域食材の一つだ。何が希少かといえば、まず、国立公園の高原で放牧した羊のチーズで、オーガニックでもある。それに凝固剤も、市販のスターターも使わず、身体によい菌を殺さないように、火入れも四〇〜四五度に抑えている。

カステル・デル・モンテ村

チーズとサラミの直売所を経営するアレッサンドロ・ペッリーニ

最低でも二ヶ月熟成し、長いものは一五ヶ月寝かせる。

最盛期、皇帝の原っぱで放牧されていた羊の数は四〇〇万〜五五〇万頭だったというが、今では一万頭を切るまでに減った。最大の要因は、羊飼いの減少で、二〇一八年にはわずか一三人だった。

人の手が入らない自然に戻るのは悪くないと言う人もいるが、最近の研究から、生物多様性の見地から見れば、適正な数の羊や牛を放牧させることで、絶滅に瀕した高原の植物や昆虫の個体数を回復できることもわかってきた。

希少なチーズ文化を支える職人の減少に地元が危機感を覚えていた時、この世界に飛び込んできた一人が、アレッサンドロだった。村の生まれではないが、ここには両親や親戚が暮らしていた。

妻のマリネッラが、教えてくれた。

「もともと夫は、大型トラックの運転手だった。他にもいろんな仕事をしたけれど、三〇代の頃、彼はカネストラートに魅せられ、この地域で開かれたチーズ職人の研修を受けた。それが、私たちがここに暮らすようになったきっかけなの」

手で乳を搾る

アレッサンドロは、毎年五月、標高一八〇〇メートルの広大な高原に羊たちを放つ。国立公園では、景観を壊すような建物を新たに建てることは許されない。教えてもらった地点には、乳搾りのための小さな木造小屋があるだけだった。

その小屋に、父親とアブルッツォ犬たちが追い込んだ三〇〇頭の羊の乳を、手で搾る。五〇頭の羊農家でも簡単な搾り機を使う現代にあって、これを朝と晩の二度行う。一匹ずつトラップに追い込み、慣れた手つきで絞っていく。父やセルビアの青年たちが手伝うとはいえ、三〇〇頭の羊を手で絞る農家は、イタリアでもさすがに絶滅危惧ではあるまいか。

草原を吹きわたる風の音と、バケツの底に勢いよく注ぐ羊の乳の音だけが、耳に届く。

光に満ちた高原の真ん中で、厳かに繰り広げられる太古からの営みに、深い感動を覚えた。

羊の乳を手で搾るアレッサンドロ

だが、マリネッラの話を聴いてもっと驚いたのは、一家にとって、羊の放牧は、あまり利益の出ない文化活動だということだ。アレッサンドロは、それが、この地域の大昔から続く農業のあり方で、そうやって育てた羊のチーズが格別においしいから、ただ、これを守りたい一心で続けているのだという。
夫婦には、二人の幼い娘たちがいた。その家計を支えているのは、在来の黒豚の飼育と、そのサラミの加工と販売だった。風土に適した放牧に向く在来の黒豚ということで、主に政府の補助事業で始めることができた。
寡黙なアレッサンドロは、隣村のダニエーレの宿に感謝していた。羊を放牧し、黒豚を育て、サラミやハムに加工し、販売までする。忙しい毎日だが、山の村にいながらにして、直売所でサラミやチーズをほとんど売り切ることができるからだ。
「彼のアルベルゴ・ディフーゾのおかげで、この村にも、外国人の旅行者まで買い物に来てくれるようになったからね」

カペストラーノの湧き水

皇帝の原っぱの下を、山の湧き水が二五キロに及ぶ静かな地下水脈となって流れている。やがて、それが地上に湧き出したのが、ティリーノ川だった。

この一七キロほどの川は、ヨーロッパの中でも、その水質の良さで知られている。ここで、もう一人の帰農の人に出会った。人口八五〇人のカペストラーノ村で農園を営むアルフォンソ・ダルフォンソだ。

一九三四年、この村の農家が畑で、紀元前六世紀と言われる二メートルの石の彫像を発見した。カペストラーノの戦士と呼ばれている巨像のモデルは、おそらく、古代ローマ以前の先住民の王ではないかと言われているが、まだ議論のさなかである。

それほど古い時代の遺跡が見つかる理由は、まさにこの湧き水だった。古代の人々は、この豊かな湧き水のそばに安住の地を見出した。

ダルフォンソ一族は、この谷間で一七世紀から代々続く家系だ。第二次世界大戦後、戦地から戻った父親が、農業をなりわいにした。鉄道会社で組合活動をしてきたアルフォンソは、倒れた父の後を継ぎ、「テッレ・デル・ティリーノ」という農園を始めた。

いわゆる定年帰農組である。

とはいうものの、第二の人生への情熱の注ぎ方は半端ではなく、帰郷してから六年めには、不耕作地を買い足して四〇ヘクタールの畑で、有機ワインに力を注いでいた。在来の小麦や豆もほぼオーガニックで作り、トリュフの森もある。パスタや小麦粉も委託加工していた。

農園を営むアルフォンソ・ダルフォンソ

イタリア人には、彼のように早期退職して故郷に戻り、農的暮らしをする人が少なくない。けれども、アルフォンソが、農業を継ぐことを決意したもう一つの理由は、最愛の妻がガンを患ったことだった。手術を終えた妻の再発を防ぐためには、空気と水の良い環境、ストレスのない暮らし、食生活の改善だと考えた。

数年前からは、若い農家を育てたいと、畑の一部で麻の栽培も始めた。第二次世界大戦後までは、ロシアに継ぐ麻の生産地だったイタリアも、中国やリトアニアに押され、その生産は壊滅的に減った。かつてはカーテンやアルマーニのスーツにさえ使われた高級麻も、今では国産はエミリア・ロマーニャ州などにわずかに残るだけになった。

生産が減ったもう一つの理由は、その薬物としての側面が悪用されたことによるが、EUは、文化の存続や医療用大麻の需要拡大から、九〇年代以後、麻の栽培の復活に力を注いできた。また、イタリアでも医療用大麻は二〇〇六年から合法化され、医師の処方箋があれば薬局で買える。二〇一九年からは、効力の低い「大麻ライト」がタバコ屋でも買え、政府の定めた基準に沿えば栽培も可能になった。もちろん、現時点では、これを日本に持ち帰ると、空港で即逮捕である。

アルフォンソが栽培するのは、栽培が許可された食用の麻だ。彼は、ボローニャ大学を出た若者たちと、これを使って麻のクッキーなどの食品開発も初めた。

さて、その働き者のアルフォンソが、故郷の村で最も美しい場所だと案内してくれたのは、ティリーノ川に水が湧き出す地点だった。カヌーで川下りをする若者たちのエコツアーが密かな人気だという。

澄み切った水が、緑の川藻を揺らしながら、こんこんと湧き出していた。いつまでもそこに座っていたくなるような場所だった。

第八章　イタリアの恥から文化の街へ

廃墟の街マテーラ

バジリカータ州のマテーラは、イタリア半島をブーツにたとえると、その靴底の土踏まずのあたりだ。県庁所在地のポテンツァの次に人口の多い町で、約六万人が暮らす。プーリア州のバーリ空港からは車で一時間ほどだが、ローマからは電車でも車でも約五時間かかる。

このマテーラで、世界中の人々を魅了しているのは、一九九三年に世界文化遺産に登録された洞窟住居と岩窟《がんくつ》聖堂群だ。その周りには商店や住宅地からなる新市街が拡がっているが、これと区別するために、地元では洞窟住居の全体のことをサッシ（岩）と呼んでいる。

まるで巨人が岩に彫り込んだ彫刻のような町の姿を目にすると、なぜ、こんな街ができたものかと不思議になるが、そもそもマテーラのあるグラヴィーナ渓谷には、風化によって生まれた天然の洞窟がたくさん点在していたのだという。

そうした天然の洞窟に、おそらく最初は石器時代の人類が雨風や暑さを凌ぐために暮らし始め、加工しやすい凝灰岩だったこともあって、次第に自分たちの手で掘り進んだ。その結果、生まれた世にも稀な洞窟住居の奇景だった。

地中海からも近かったことで、古代から中世にかけては、イスラム勢力から逃れたキリスト教の修道士たちが住みつき、一五世紀には、オスマン帝国に追われたアルバニア人やセルビア人も落ちのびてきた。そして一六六三年にマテーラがバジリカータ州の州都となってから数世紀間、この街は最も栄えたという。

ところが、一九世紀末のフィロキセラ（ブドウの葉や根に寄生し、枯死させるアブラムシの一種）禍の大流行によって、地域の経済を支えてきたワイン産業が劇的な被害を受けると、州都はポテンツァに移り、町は衰退の一途をたどる。

その頃から封建制の廃止や修道院の解体によって、洞窟住居で暮らすのは、貧しい農民ばかりになり、二〇世紀初頭には、人口の急増から衛生面でも住環境は著しく悪化していく。農家のほとんどが家畜と同居し、数家族が同居する洞窟も少なくない。電気も、ガスもなく、上水道や下水道も通っていなかった。乳幼児の死亡率は五〇％にも達していたという。

マテーラの街並み

戦後、三種の神器としての家電、白黒テレビ、洗濯機、冷蔵庫が日本の一般家庭に普及していったように、イタリアの庶民の暮らしにも家電製品が浸透していく。その〝文化的生活〟が唱えられる中で、政府もこの状況をほうっておくわけにはいかなくなった。高台に集合住宅を建設し、五二年、強制的に住民たちの立ち退きを進めた。こうして約三万人のサッシの住民のうち、約一万七〇〇〇人が新しい集合住宅へ移った。

マテーラの廃墟化は、そこから始まった。

六四年には、映画監督のピエル・パオロ・パゾリーニが、この街で、新約聖書のマタイによる福音書を忠実に再現した『マタイによる福音書』(邦題『奇跡の丘』)を撮影した。マテーラには、古代の地中海地方そのままの庶民の暮らしの風景が残っていたからだ。パゾリーニは、この作品に、現代の聖地の廃墟化という風刺を込めたのだと指摘する人もいた。

ところが、八〇年、イルピニア地震が、町の廃墟化に拍車をかける。マグニチュード六・九の地震は、各地に約三〇〇〇人の死者をもたらし、人が長いこと住んでいなかったマテーラの多くの洞窟住居を瓦解させた。こうして、この町はいっそう物悲しい姿を晒し続けることになった。

その頃のマテーラは廃墟そのものだった。遠くからやってくる若者たちにとっては、おっかないゴーストタウン、肝試しの場所だった。「サッシを見に行ってごらん」と指南する人は少数派だった。マテーラに向かう列車で出会った人の中には、あんなみすぼらしいところを日本に紹介するのなら、ルネサンス芸術について書いてくれた方がずっと嬉しいと言った人さえいた。

二〇〇四年、幼い娘と旅した時も、まだ岩窟聖堂の半数は整備されておらず、壁や天井が崩れ落ちる危険性があると通行止めになっている通りも多かった。その年、パゾリーニに倣い、メル・ギブスンが、キリストの受難を描いた『パッション』をこの町で撮影した。

世界文化遺産と、ダニエーレのアルベルゴ・ディフーゾ

ところが、いったい何が起こったのだろう。

その一四年後に訪れたマテーラは、まるで別世界だった。

迷路のような入り組んだ路地もほとんど修復され、サッシの中にも泊まれるホテルやB&Bが、約三〇軒に増えていた。まだ廃墟の風情は留めているものの、さっそく、観光の弊害というものについて危惧せずにはいられないほどだった。経済を軸にすれば、間違いなく、これを再生と呼ぶのだろう。朽ち果てるに任せていた廃墟が、旅人たちで溢れていた。

きっかけは、ユネスコの世界文化遺産への登録だった。評価の対象は、一五〇以上の岩窟聖堂や約三〇〇〇戸の洞窟住居、地下水路で家々の貯水槽に上水を供給する太古からのしくみだった。

こうして二〇〇〇年を過ぎた頃から、少しずつ、サッシに戻って暮らす人が現れ、今では洞窟住居の四分の一ほどがレストランや宿泊施設として利用されていた。

そして二つめの活性化のきっかけが、ダニエーレのアルベルゴ・ディフーゾだった。

申し出を受けたのは、二〇〇五年のことだ。

サント・ステファノ・ディ・セッサニオ村のことがマスコミに取り上げられるようになると、ダニエーレは、連日、様々な村の町長や古い建造物の持ち主から相談の電話を受けるようになった。その数は五〇〇件を越えた。人が減っていく集落を何とか再生できないかという相談もあれば、無人になってしまった集落をもう一度、復活できないか、という相談も少なくなかった。その中で申し出を受けることを即決したのが、マテーラだった。

相談の相手は、ポーランド人の女性建築家だった。

彼女は、世界文化遺産になったこの街に、洞窟住居本来の姿をできる限り残したかたちで旅行者が宿泊できる空間を造れないものかと考えあぐねていた。そして、サント・ステファノに泊まりにきた時、ピンと来たのだという。

なぜ、ダニエーレは、この町を真っ先に選んだのか。

「それは、マテーラが南部のマイナーな文化遺産の代表格というだけではなく、それ以上だったからさ。マテーラは長い間、イタリアの恥部と言われてきたんだ」

イタリアの恥部という表現は、一九五〇年代、共産党のパルミーロ・トリアッティが、ここを訪れた時に口にした言葉だ。それは、この街で暮らした作家カルロ・レーヴィが、『キリストはエボリで止まった』(竹山博英訳　岩波文庫)という小説で訴えた南部の悲惨な現状への告発を受けての訪問だった。

「立ち退き前のマテーラの暮らしは、決して、呑気にその美について語れるような街ではなかった。人口が増え過ぎて、家畜と狭い洞窟で同居していたこともあって、感染症でたくさん人が死んでいた。

だからイタリアの恥部、貧しさの象徴だと呼ばれた。レーヴィの小説で主人公の姉が、マテーラのことを、まるで学校の頃、思い描いていたダンテの地獄ねと言い放つところがある。

レーヴィが、ファシズム政権によってあの町に流刑にされた頃には、下水もなければ、電気も通っていなかった。路地で子供が死にかけているようなあり様だった。トリノからやってきた彼が、そんな光景を目にして地獄だと感じたのも無理はない。当時は、どんな高名な文学者も、文化のパトロンだった貴族たちさえ、マテーラを美しいと評価することはなかった。

それが今、あの街の歴史的価値や美しさがやっと評価された。これは、すごいことだよ。ピカソの絵画を考えてみてごらん。当時は、あんなもの子供の落書きだと言われた作品が、今は誰も手が出せない価値を得ている。評価は一八〇度変わった。

同じように、イタリアの恥と呼ばれた南部の小さな街が、今では一軒の宿が一晩で二〇〇〇ユーロ(約二四万円)を稼ぎ出す美と歴史の街に変わった。これはコペルニクス的転回だ。

だから、僕のマイナーな文化財の哲学を伝えていくには、第二弾はマテーラである必要があったとも言える」

四つの洞窟住居

グラヴィーナ渓谷を臨む、最も古いチヴィタ地区に位置する宿は、「セクスタンティオ　レ・グロッテ・デッラ・チヴィタ」と名づけられた。

修復を始めた頃、四つの洞窟の入り口には扉もなく、黒い穴がぽっかり口を開けていた。家具も何一つ残されておらず、床には雑草がおい茂っていた。

そこに至る石の階段も地震の痕跡なのか、ボロボロで、ところどころに瓦礫が積み上げられていた。物件の持ち主は個人だったが、アルベルゴ・ディフーゾの細かな計画を説明するとすぐに承諾し、数年後にはマテーラ市の許可も下りた。

四つの洞窟住居の内部は、不定形の穴がそれぞれ奥へと続き、一部はつながってもいた。洞窟は、三階くらいの高さにまたがっていた。掘っていくうちに、途中で硬い岩盤に行き当たると、別の層をまた掘り進み、階段を造る。家族が増えれば、また、それを繰り返し、部屋を増やす。そんなふうにしてできた、ありの巣のような住居だった。

これを各部屋のプライバシーを尊重するようなかたちに修復していくと、全部で一九の部屋が生まれた。

最も苦労したのは、入り口の扉探しだったという。一九世紀末に人々が暮らしていた頃、使っていた扉に近いものを探すのが一苦労だった。

「山村の宿の時は何もかも手探りだから、わからないことだらけで本当に苦労した。一つ一つ、自分たちで作り上げていった感があったけど、そのおかげで、マテーラでは、もっとスピード感を持って進めることができたし、理想的な場が実現できたんじゃないかな。とにかく、最大限にこだわったのは、洞窟の原型を残すことだった。

経費の面でも救われたのは、マテーラは世界遺産になってすでに注目されていたから、町の広報を一から仕掛けなくてもよかったことだね」

修復を始めて二年後、二〇〇八年にはオープンにこぎつけた。

洞窟のような部屋

宿の看板は、普通に歩いていれば気づかないほど小さい。素朴な木の扉を開くと、きつね色の凝灰岩の洞穴に、素朴な木製の家具、ベッドにはリネンの白いシーツ、藁を編んだ素朴な椅子。余計なものは一切なかった。家畜の水飲み場だった石の水桶は、そのまま洗面台に誂えられていた。主な照明はロウソクで、それが、壁の岩肌の質感をいっそう強調していた。

それは、マテーラでなければ決して生まれなかった空間だった。

カラヴァッジョの絵のように美しい

宿は、すぐに各国のメディアに注目された。

アメリカの『ニューヨーク・タイムズ』誌は、世界で最も美しい一二のホテルの一つに選んだ。

英国の日刊紙『サンデー・テレグラフ』はこう書いた。

「この一九室からなるすばらしいホテルは、宿泊客に、唯一無二の経験を提供するタイムマシーンのようだ。原始人たちの不自由さなしに、太古の洞窟に泊まることができる」

フランスの『フィガロ』誌にいたっては、こう絶賛した。

「贅沢さが新たな表情を見せた。格付けできないホテル……カラヴァッジョの絵のように美しい、特注の舞台装置。イタリアで最も偉大なホテル」

そして、イタリアの経団連の日刊紙『イル・ソーレ・ヴェンティ・クアトロ・オーレ』もこう評価した。

「アルベルゴ・ディフーゾが、ついに国際的レベルの質を備えた観光のツールとなった」

ダニエーレは、どのくらいの人が、この宿を面白がってくれるのか、内心、不安だった。ところが、マテーラの宿は、初年度から稼働率九〇%を記録した。

「僕は、派手なイベントは苦手だから行かなかったけれど、二〇一九年、マテーラがヨーロッパ文化都市に選ばれた式典が行われた。その席で、美術評論家のヴィットリオ・ズガルビが、この町に造られたたくさんの宿泊施設や飲食店の中で、ダニエーレ・キルグレンのアルベルゴ・ディフーゾだけが本物だ、と発言してくれた。評価されて本当によかった」

ズガルビは、メディアによく登場する歯に衣着せない発言で知られる美術評論家だ。若い頃から女性をめぐるスキャンダルでも浮名を流してきたが、人生の後半は、シチリアの小さな町の町長を務めながら、南部の景観と文化保護に情熱を注いでいた。そして彼は、サント・ステファノ・ディ・セッサニオ時代から、ダニエーレの熱烈な支持者でもあった。

その美術評論家が、わざわざ各国のメディアも集まる公の場で、彼らしい嫌味を言ったのには理由があった。新たな観光地マテーラには、すでに温水プールやスパも完備した洞窟ホテルや、遠い国の産物を売る土産もの屋も出現していた。隣接する新市街にも、世界遺産の町の宿命なのか、ファッションや宝飾のグローバル企業や飲食チェーン店が押し寄せていた。観光地の均質化の兆しに、ズガルビは警鐘を鳴らしたのだ。

2018年にできた洞窟ホテル
「アクアティオ・ケーブホテル」

私も、ダニエーレの宿によく似た造りのホテルを数軒、目にした。

「仕方ないよ。マテーラには、周辺の地域から投資した人も多かったし、地元の観光への意欲もかなり違った。だから、僕のホテルを真似する人たちも、すぐに出てきた。街を歩いていたら、ダニエーレ、私、あなたの真似したわよ、と知り合いに声をかけられた。彼女のホテルは悪くないよ。ただ残念なのは、古い床板を剝がして新しくしたことだ。生活の記憶というものを抹消してしまった。どうせ真似するなら、きっちりやってほしかったな」

街の歴史を物語る装置としての宿

たとえば、酔狂な旅人が、日本の縄文時代の古墳や、ジョージアの中世の洞窟都市に、泊まってみたいと言ったところで、そんなことが許されるはずもない。ローマのカタコンベで一夜を過ごすのも無理である。山や砂漠の洞窟で瞑想した隠者たちの境地に触れたいと思っても、そんな空間には、現代ではなかなか出会えない。

しかし、マテーラでは、ダニエーレの宿に泊まることで、そんな体験ができる。それは原始の記憶が呼び覚まされるような、ユニークな体験だと言える。

私が泊まったのは、よく晴れた夏の熱い日だったが、洞窟の中は昼間でもひんやりとしていた。洞窟で長い時間を過ごしていると、光への感性が研ぎ澄まされていくのがわかる。

ベッドに寝そべって街のガイド本を拡げると、そこに建築家ピエトロ・ラウレアーノのこんな言葉を見つけた。

それは、〝逆さピラミッド〟の一つである。

つまり、自然の法則に挑み、半神のごとき人類の力を見せつけるための建造物ではなく、母なる大地の体内への人類の回帰を表している。

ラウレアーノは、マテーラ郊外の村で生まれたイスラム建築の権威だった。そして彼は、長い間、イタリアの恥部と呼ばれてきた故郷を、世界文化遺産に登録するために尽力してきた一人でもあった。建築家が、逆さピラミッドと呼ぶもの、母なる大地の体内へ回帰するような建造物は、どんなものなのか。それは、極めて困難な環境の中で人々が生きていくために、岩や水との折り合いをつけ、自然に学びながら作り上げた慎ましい暮らしの痕跡なのだという。

その文面には、ダニエーレが、この町を二番めのプロジェクトの地として選んだ理由が、雄弁に語られていた。

翌日は、宿に頼んで、地元のガイドさんと街を歩いてみた。

その女性の母親は、洞窟住居で生まれ育ったが、高校時代に強制立ち退きで移住してからは、

新たにできた洞窟ワインバー

マテーラを案内してくれた地元のガイドのミケーラさん

ただの一度も昔の住居に戻っていなかった。そこで、ある時、彼女が、活気を取り戻した故郷の街を見せてあげたいと、車で母親をここまで連れてきたが、母親は決して車から降りようとはしなかったという。
「母はね、この街には、辛い思い出しかないから見たくないというの。
　この地域では、昔、生まれたばかりの赤ん坊にピアスをあける風習があったから、そこから雑菌に感染して病気になる。病気になっても、まず薬草を使う伝統的な魔術師に頼って、いよいよ危なくなってから医者を呼ぶものだから、たくさんの子供たちが亡くなった。幼児の死亡率が高かったのには、そんなこともあるの。
　今もバジリカータには、うちの母みたいな人は多いの。ここを見るのが辛いという。洞窟は通気も悪かったから、肺の病も多かったし、冬は寒くて湿気もひどいから、リュウマチにかかる人も多かった。母は今もリュウマチで苦しんでいるの。それに年頃の娘には、個室もない洞窟で幼い子たちや家畜まで一緒に暮らすのはしんどいでしょう」

長い間、マテーラが廃墟のまま、放置されていた理由がわかるような気がした。

かつてここで暮らしていた世代には、今でも世界遺産の街への変貌ぶりに、戸惑いを隠せない人たちが大勢いた。一方、開業したばかりのワインバーやホテルで話を聴くと、この新たな観光の聖地に投資していたのは、ローマやリミニ、バーリの人たちが多かった。

街はまだ、変化の途中にあるらしかった。

それでも何とかまだ、廃墟の風情を残していた。夜、ぽつりぽつりと灯りがともったサッシが、どこか物悲しさを漂わせていることに、ある種の安堵感さえ覚えた。

お客さまを教育する必要性

マテーラの変貌ぶりを、地元の若い世代はどう感じているのだろう。

「セクスタンティオ　レ・グロッテ・デッラ・チヴィタ」で働くミケーレ・チェントーゼに訊いてみた。

ミケーレは、この町で生まれ、ボローニャ大学でマーケティングを学んだ。二児の父親で、この宿の副支配人だけでなく、二つの宿の予約係と広報も任されていた。ほっそりした体型、浅黒い肌に大きな褐色の瞳、眼鏡をかけて、いかにも真面目そうな若者だった。

「セクスタンティオ」で働くミケーレ・チェントーゼ

そのミケーレはこう言った。

「劇的な変化です。ダニエーレの宿ができた途端、世界中から旅行者たちがやってき始めたのです。世界文化遺産に登録されてからも、二〇〇四年頃まで、サッシにはまだ、小さなレストランやバールが二～三軒しかありませんでしたから」

ミケーレは、宿泊客の様々な要望にも応えなければならない。普通の高級ホテルではなく、元洞窟住居のアルベルゴ・ディフーゾを任されて、一番、苦労していることは何かと訊ねてみた。

「家族からは働き過ぎだと言われています。けれども私は、このプロジェクトは、ただの仕事ではなく、一つの使命だと考えているのです。世界でたった一つの、ここでしかできない体験を提供する宿ですから、誇りを持って働いています。

ダニエーレはすごい人です。彼が守ろうとしているもの、それはこの町の歴史を物語ってくれる装置なのです。そのことを理解してくれるお客さまだけではないのが残念ですが。けれども、そんなお客さまにわかっていただくように伝えることが、自分の一番大切な仕事だと思って頑張っています。

手強いのは、宿のホームページも覗かず、大手の予約サイトで見つけて、いきなりやってくる飛び込みのお客さまです。

たとえばイタリアでは、木と藁で作った素朴な椅子が、一九八〇年代までバールでも当たり前に使われていました。ごく庶民的なものです。ところが、その椅子も職人が減っていることから、希少になりつつあります。一九世紀末のマテーラの暮らしを再現するには、貴族の屋敷にあるような布張りの椅子でも、デザイナーズの椅子でもなく、この椅子でなければなりません。わざわざ、この農村にふさわしい椅子を選んでいるわけです。ところがこの前も、香港からのお客さまが、たくさん払ったのに、この座りにくい椅子はなんだ、と文句を言われる。そういう方に、アルベルゴ・ディフーゾのコンセプトをご説明するのは、なかなか骨の折れる仕事です。これまで宿泊された普通のホテルと比較なさるわけですから。

木と藁で作られた素朴な椅子

でも、みんながみんなそうではありません。最近は、ここが、世界遺産としての洞窟住居の姿を守っていることでいろいろな不便があることも、ちゃんとわかっておられるお客さまがほとんどです。痛感していることは、語弊はありますが、ある意味、お客さまを教育すること、諦めずにお伝えし続けることが大切だということです」

ミケーレが話してくれたことは、大事なテーマだった。

アルベルゴ・ディフーゾというものが、過疎に喘《あえ》いでいた山村に、若者たちが暮らし続けていける新しい経済活動を育て、同時に消えそうな地域の文化を守っていく。そんな宿であろうとするならば、その運営において何より大切なことかもしれない。ダニエーレが言うように、その存在が、新しい観光文化を創造していくことだとすれば、なおのことだった。

宿が、従来のホテルとどう違うのか、宿泊者にしっかりと伝え、共感してもらえるような仕掛けをする必要があるだろう。

あるいは予《あらかじ》め興味を抱く利用者を選別できるような、何らかの工夫が必要かもしれない。だが、その香港からの客のような人が、この宿に滞在する間に、その意図を悟り、その魅力に開眼することだって大いにあるだろう。そうやって新しい文化は伝播し、根づいていく。

ミケーレは、しかし、故郷の急速な観光地化に、ある種の懸念も抱いていた。

たとえば、グラヴィーナ川の水質汚染といった環境問題や地域の農業や手工芸の文化をいかに守っていくかといった差し迫った課題だった。

「マテーラには、ホテルやレストランも充分過ぎるほどに増えました。けれども、大切なのは、サッシが観光だけの街に成り下がってはいけないということです。何より大切なのは、ここに人が暮らし続けることです。サッシの中に職人たちの営みがあり、周辺の農業が存続していけることです。ですから、このホテルの朝食も、厳密に、地元の手作りのものだけを揃えています。

現在、サッシには約四〇〇〇人が暮らしていますが、その半分以上はサービス業や事務職、周

食堂の洞窟

辺の工場に通う人です。農家や職人が危機的状況にあることは、今も変わらない。旅行者も含めて、この街で私たちが日々何を買うのか、よく考えて選択することが大切なんです」

そのミケーレが太鼓判を押した宿の朝食は、最高だった。

朝、一番乗りで食堂の洞窟へ向かうと、入り口から朝日が差し込んだ天井の高い空間は、まるで太古の宗教儀式のための聖地のようだった。この洞窟には、五〇年代の立ち退き寸前まで三家族が同居していたが、もっと歴史をさかのぼれば、礼拝堂として使われていたそうだ。

奥の素朴な木製のテーブルに、スイカ、メロン、チェリー、オレンジといった色とりどりの果実、ブラータチーズやリコッタチーズ、生ハムやサラミが並んでいた。みずみずしい野菜のサラダバー、この地域特有の不定形の香ばしいパン、地鶏の茹で卵、数種の素朴な手作りケーキが、斜光に照らされて輝いていた。

朝日にまったく異なる表情を見せる洞窟の岩肌に見入っていると、やがて、ニュージーランドからのお年寄りが一人、二人と入ってきた。洞窟食堂は、壁ばかりか、床も平らではなかった。転びはしないかと少々心配になったが、足元に気をつけながら、そろりそろりと歩く彼らは、何だかとても楽しそうだった。

第九章　これからの新しい観光

賛否両論のアルベルゴ・ディフーゾ

アルベルゴ・ディフーゾはまだ圧倒的な少数派であるだけでなく、試行錯誤の只中にある。二〇一八年時点で、イタリアのホテル数は約三万三〇〇〇軒、宿泊床数は約二二六万で全体の四四%ほどを占める圧倒的多数派だ。近年、増加傾向にあるアグリトゥリズモ（農家民宿）は約二万軒、宿泊床数は約二七万で五%ほど、主に都市部の空き家対策として近年、急速に伸びたB&Bは、約三万五〇〇〇軒、宿泊床数は約一八万で四%ほどである。これに対し、アルベルゴ・ディフーゾとして登録している宿は、五〇〇軒にも満たない。

そして現場の課題は、利用者によって大いに賛否両論が分かれるということだ。たとえば、客にどのくらいかかわるのかも一つの選択である。村の温かいおもてなし、とどの宿も謳ってはいるが、それは口で言うほど簡単ではない。

接客のセンスがよく、仕事ができる働き手に恵まれたならば幸いだが、いつもそうだとは限らない。割り切ってプロの教育を受けた人を雇うのか、それとも、地元の若者や移住者が、接客を学ぶのか。あるいは、古老たちのその地域らしいもてなしを模索するのか。しかしそうなると、サービスにはどうしても、少しばかり素人くさいところが見え隠れする。

たとえば、受付で推薦されたレストランに車で移動してみたら定休日で閉まっていたり、夕方、宿に着いてみると、受付に客が殺到し、荷物運びの指示をうっかり忘れられたり、といったことがしばしば起こる。すると価格帯にもよるが、やっぱりがっかりする客はいる。

その一方で、ホテルのようなプロの対応ではなく、知人の田舎家にでも遊びに来たような親密さが魅力だという人もいるだろう。地域の文化や歴史、食文化などを徹底的に掘り下げて、地域で共有していくことで、いかにもてなすのか、というソフトの部分に独自の魅力が加味されていくのだろう。

また、これも価格との兼ね合いだが、分散型の宿では、レセプションから離れた部屋まで客の荷物は誰が運ぶのか。アメニティや部屋着はどんなものにするのか、あるいは置かないのか、といった細部をよくつめておく必要がある。ある坂だらけの北部のアルベルゴ・ディフーゾでは、荷物の移動を五ユーロと決めていたが、それにも賛否両論あるだろう。

もう一つ、快適さをどこまで追求するのかという問題もある。

たとえば、ダニエーレの村のような伝統的な農家の暮らしをイメージした部屋は、宿泊施設に機能性と快適さを求める人には、どうしても使いづらい。

一度はこんなことがあった。夏の暑い頃、手頃な値段の部屋に泊まったところ、鉄格子の高窓にガラスがなかったこともあって、夕方、部屋に戻ると、黒いイモ虫が床に這っていた。私は、蚊とゴキブリ以外の虫なら平気だし、大自然に魅せられてやってくるエコロジストたちも、自然の一部として温かく受け入れてくれることだろう。だが、ぞっとして悲鳴を上げる客は少なくないにちがいない。

また、ある時には、こんな事件も起きた。

レストランで夕食を終えて部屋に戻ると、鍵をさしても扉が開かない。後でわかったことには、古い木の扉を探し、大きな鉄の鍵と伝統的な木製の錠の再現にまでこだわったために起きた不具合だった。その瞬間、かつて取材に同行したカメラマンのセリフをまざまざと思い出した。

「僕はこんなホテル、嫌だよ。昨日の晩、僕の部屋の扉が開かなくなって、大変だったんだ。丸いバスタブも使いにくいし、壁だって汚いし」と口を尖らせた。同じ部屋だったのかもしれないが、宿泊施設としてはなかなかの失態である。イタリア人が小柄だった時代の脚つき浴室をイメージして選んだフィリップ・スタルクの浴槽も仇《あだ》になっていた。

受付に連絡をすると、すぐに整備の担当と二人で駆けつけた。半時間後、ようやく扉が開いた時には、二人の従業員がまるで日本人のように謝り続けるので、すっかり恐縮してしまった。

ただ、この出来事をめぐって興味深いことが起きた。

伝統的な古い木の扉

夜中に延々と続いた騒音で叩き起こされたであろう隣部屋のドイツ人夫婦が、翌日、少しも不機嫌でなかったことだ。そればかりか、奥さんはこう言って慰めてくれた。

「いいえ、気にしないで。私たち、あなたがなかなか部屋に戻れなくてかわいそうねって話していたの。ここって面白い宿よね」

てっきり、イタリア人の不手際に悪態をつくのかと思っていたら、そんな言葉は一言も出ない。予期せぬ出来事を享受するのが、トラベルという旅の語源だというが、まさに、その初老の夫婦には、トラブルを楽しむ精神が漲《みなぎ》っていた。

「セクスタンティオ」は、二人で泊まればそうでもないが、決して安価な宿ではない。にもかかわらず、彼らはある種の不便さを受け入れている様子だった。夫婦は、この村のことを、自国のニュース番組で知り、ダニエーレのイタリアらしい村を守りたいという思いに惹かれて、この宿を選んだのだと話してくれた。ウェルカム薬草酒もすっかり飲み干し、彼らは三日ほど連泊して山歩きをし、村と大自然を満喫していた。

ならば、こうした宿で落ち着かない客とは、どんな人なのだろう。

それには、マテーラでミケーレが話してくれたことがヒントになる。

そうした旅行者は、普通のホテルに宿泊した経験に照らし合わせて、これと比較しているのだ。白で統一されたベッドリネン、明るい照明、快適で機能的なバスルーム、プラスチックの使い捨て歯ブラシなど痒いところに手が届くアメニティ。高級ホテルになれば、そこに名だたる高級ブランドの選び抜かれた家具や寝具が揃い、客の要望を先まわりする、適度な距離感を保ったプロのサービスがある。

そうしたホテルこそが、旅の理想的な宿泊先だと考える、近代的なホテルの機能美の洗練を受けた人たちには、ダニエーレの宿は不便で落ち着かないと感じるのだろう。

入り口を他の客と共有するような造りも、プライバシーを尊重したい人は苛立ちを覚えるだろうし、テレビや冷蔵庫がないことも、やはり不便なのだろう。

アルベルゴ・ディフーゾ派とホテル派、だがそこは単純に線引きできる世界でもなさそうだ。近代的な箱型のホテルが、快適さ、心地よさ、優雅さというものを追求しながら、同時に、効率性やそこから生まれる利潤を考慮していった結果、気がつけば、世界中の高級ホテルがどこも似たような空間になってしまってはいないだろうか。私見だが、純粋にこれに飽きて、物足りなさを覚え始めた富裕層もいそうな気がする。

エシカルな旅、責任ある旅、スローな旅

そして今後、地域の固有な古民家と村の暮らしを守るアルベルゴ・ディフーゾの積極的な利用者として、大きな可能性を秘めているのは自然愛好家たちである。

ダニエーレの宿にやってくる半数以上は、アブルッツォ州の自然に魅せられてやってくる環境意識の高い人たちだ。それは若い世代にもじわじわと増えており、彼らは、石の床に落とせば割れて怪我をしかねないガラス瓶入りの手作りシャンプーや、うっかりしていれば衣服を焦がしかねないロウソクの照明にも、むしろ共感してくれるだろう。

イタリアでは、この環境時代の新たな潮流を、エシカルな旅、責任ある旅、あるいはスローな旅、などと呼んでいる。あのドイツ人夫婦のように社会的意識を持って旅する人々だ。どうせ旅をするなら、世の中をよくするようなことに貢献しようというわけだ。

そうなると大切なのは、ミケーレが言ったように、運営側が地域のプロモーションに留まらず、予め、従来のホテルとの違いをもっと明確にしておくことが求められるのだろう。

ロウソクの照明

部屋にテレビや冷蔵庫はないこと、階段が狭かったり、段差も多かったりするので、年配の人には不向きであること。あるいはお年寄りや車椅子の人には特別な部屋とサービスも用意されていること。そうしたことをはっきりと知らせながら、集落の存続と古民家の再生という本来の目的については、何度でも伝え続ける必要がある。

ダニエーレが、メディアの取材をほとんどことわらず、折に触れて伝えることを大切にしているのは、そんな理由からだった。

もう一つ、山の集落に何度か泊まって気になったのは、悪天候問題だ。大自然の中にある集落の印象は、天候に極めて左右されやすい。

初めて泊まった日、ロッカ・カラッショの古城からの雄大な山々の風景を目にすることができるか、それともすっかり雲で覆われているかは、集落の印象そのものに大きくかかわる。もし、宿が、従来の大型ホテルであれば、悪天候でも満足度はさほど変わらない。

山歩きや展望が思うように楽しめない大雨や曇りの日、村の宿は、いったい、どんなその村ならではの楽しみ方を客に提供できるのか。あるいはそれが自然だと居直るのか。

個人的には、そのあたりのひと工夫に、アルベルゴ・ディフーゾの今後の展開があるような気がする。

アブルッツォ州の条例に見る、今後の方向性

イタリアでは、アルベルゴ・ディフーゾという新しい宿泊形態が、二〇一七年、すべての州で条例化されたが、その内容から、今後、目指していく方向性が見えてくる。

ここでは、二〇一三年、ダニエーレとマウリツィオが草案を書いたアブルッツォ州の条例を覗

いてみるとしよう。

　地域によって地形も風土も違えば、もてなしについての考え方も違う。そこで、条例の内容も少しずつ違う。山の多いアブルッツォ州では、山岳地方に点在する集落や歴史的な市街地をもっと世に知らしめ、そこに経済活動を生み出すことが、主な目的とされた。

　修復の対象となる空き家の条件については、少なくとも、一九〇〇年代以前の伝統的家屋であること。インテリアは伝統的でも現代風でも構わないが、修復にあたっては、壁材、床材、天井板、窓枠、扉に至るまでオリジナルな素材を尊重すること。

　他州のアルベルゴ・ディフーゾには、村に点在する古民家ではなく、一軒の修道院や貴族の屋敷を守るために登録された宿も少なくない。

　しかし、アブルッツォ州では、あくまでも個人の経済活動に留まらず、村の住民や自治体もかかわっていくことが大切であるとし、最小の単位を、集落に二棟以上の宿泊できる古民家があり、最低七人泊まれること、としている。

　水まわりの快適さは、最も費用が嵩む部分だが、とても重視されており、それぞれの部屋には、独立したトイレ、洗面台、ビデ、シャワーかバスタブのあるバスルームが備わっていることとされた。

　そして今後、大切な点として、古民家はバリアフリーとは真逆の造りが多いが、それでも車椅子の人などハンディキャップを持った人が利用できる部屋が、集落で最低一つは用意されていること、という項目もある。ダニエーレの宿では結婚式や金婚式、誕生会などを引き受けることが多いが、高齢者も増える中、そうした設備がなければ、予約が入らないという切実な事情があった。

また、レセプションと集落に点在する部屋の距離は短いほどよく、具体的には、最大でも直線距離で三〇〇メートル、歩いて四〇〇メートルまでとされている。数キロも離れた家に泊まるのでは利用者が孤立し、集落の活性化にもつながりにくいからだ。

さらに宿のある集落にはバールが必ず一軒以上あり、二四時間、利用者に対応できるスタッフがいること。インターネット・ポイントが少なくとも一ヶ所あり、個々の部屋から、直接、レセプションに連絡できること、とされている。

また食事については、朝食だけは共有スペースで経営者によって供されること。その内容は地産地消、素材から飲み物に至るまで地元の食文化を表現するようなものであること。夕食や昼食については特に条件はなく、集落の食堂を利用してもらえばいいとされていた。

条例化は、空き家を再生させる動機が、山村の活性化と暮らしの存続という本来の目的から逸脱することがないよう地域の同意を得るための一つの約束事だという。

イタリアには修道院や貴族の屋敷を再利用した高級ホテルも少なくない。アルベルゴ・ディフーゾは、それらとどう差別化していくのか？

プロのサービスから、もっと学ぶべきなのか？

素朴な温かい村のもてなしとは、いかなるものか？

山の共同体を維持していくという社会的意味を、どうアピールしていくのか？

予め、近代的なホテルとは違う使い勝手の悪さや不便さをどう伝えていくのか？

自然を満喫しにくい悪天候の日には、どんなサービスができるのか？

難しいレストラン経営にも挑戦するのか？　朝食を極めるのか？

震災や水害、パンデミックといった危機的状況をいかに生き延びるのか？


ダニエーレは、かつて皮肉まじりにこう言った。

「不思議だよ。世界中から旅行者がやってくるようになっても、村の人たちはまだ、より都市に近づくこと、より便利になることを望んでいた。ペスカーラから、この村まで高速道路を通せないものかな、なんて言っていた。そうじゃなくて、現代の旅人は、この曲がりくねった山道をむしろ楽しんでいるんだ。高速道路ですっと来れてしまうより、その方がずっとワクワクするじゃないかと言っても、さっぱりだったね」

けれども、その不便さを楽しみに、わざわざやってくる人たちは確実に増えていた。先日も、取材にやってきたドイツのテレビカメラの前で、こう言っておどけてみせた。

「どうして、こんな山の中の小さな村に、たくさんの人がやってくるのでしょう。部屋の階段は狭くて登りにくいし、天井は頭をぶつけそう。不便で仕方がないところに、どうして人は来るのか。この村に泊まったアラブの富豪が、翌朝、まるで子供のように目を輝かせていたのはなぜか」

現代人は、今後ますます、こうした山村に惹かれていくだろう、とダニエーレは言う。そこには何か、観光というものに対する考え方の本質的な変化があるような気がした。

デイヴィッド・ヒュームの哲学

「これからの新しい観光は、心の問題を問うものなんだ」

ダニエーレがそう言った。

「人類の科学はめざましく進化し、物理的には月旅行さえ、もはや可能だ。けれども、その一方で、人間の心というものへの洞察は、プラトンや孔子の時代から、いったいどれほど進化したのだろう。古代から、人類は音楽や芸術、演劇に心を癒やす力があることをよく知っていた。そう考えるならば、一つの場というものにも同じ力があるはずだ」

ストレス社会に生きる現代人のために、音楽療法があり、演劇療法があり、絵画療法があるのならば、ある特定の場所というものにも同じ力があるはずだという。いわば、ヒーリング・アーキテクト、あるいは建築療法とでも呼べるような場が、これからの旅の潜在的な目的地になる、と言うのだろうか。

現代人が安堵感を覚える空間とは、いったいどういうものなのだろう。

その結論を急ぐ前に、ダニエーレが繰り返すこんな言葉を少しだけ掘り下げてみたい。

「僕は、この宿が、一つの哲学的空間であってほしいと望んでいるんだ」

壁の煤を残すことについても、哲学的選択だと言った。初めて耳にした時には、そんな表現ばかり使うから、メディア受けはよくても、地元の人たちには胡散臭がられるのではないか、と思ったものだ。しかし、話を聴くうちに、彼にとって哲学がいかに大切なものだったかがわかってきた。

一九歳でＨＩＶポジティブと診断され、生きるか死ぬかという局面にあった時、彼にとって、哲学は生きるために手繰り寄せた学問だった。ミラノ大学で心理学から哲学科に移籍し、大学へもあまり通えなかったが、猛勉強して最高点で卒業した。やがて兄と父を続けて失い、若くして遺産相続で手にした財産を、ぽんと山村の宿造りに投じた。

好きな文学者を訊くと、少し考えてから、エドガー・アラン・ポー、ニーチェと答えた。けれども最も影響を受けた哲学者というと、デイヴィッド・ヒュームだと即答した。

慣れない哲学書を紐解くのは骨の折れる作業だったが、ヒュームについて調べるうちに、なぜ、最初に押さえておかなかったのかと後悔した。

ある時、ダニエーレにカトリックかと訊ねた時も、「僕は哲学を学んだ人間だよ」とだけ答えた。そして兄の死後、メジュゴリエの聖母にお参りしたいという母に同行した時のことを話してくれた。

メジュゴリエは、一九八〇年代、聖母を幻視したという少女たちが現れ、これを教皇ヨハネ・パウロ2世が公認し、ルルドやファティマに並ぶ聖母出現の聖地となったボスニア・ヘルツェゴビナの小さな町だ。ところが彼は、この町をちっとも好きになれなかったという。

「にわか聖地ってものは、街もみんなコンクリートだし、安っぽい聖母像が、どこへ行っても並んでいて悪趣味の極みだった。フェリーニでも描けないグロテスクな世界だった」と悪態をついた。

そうかと思えば、ある時はこう言った。

「カトリックではなくても、イタリアで育った者ならば、カトリック的思考というものからは逃れられないし、僕は自分のことを無神論者だとは言い切れないよ」

父方の曽祖父は宣教師だったたし、アフリカでの社会活動は、カトリック団体のカリタスと協力しながら進めていた。

ところが、デイヴィッド・ヒューム（一七一一〜一七七六年）について、中才敏郎の『ヒューム読本』（法政大学出版局　二〇〇五年）の中に、こんな引用文があった。

「多くの人々にとって、彼は大いなる不信心者、悪名高き懐疑論者であった。神は死んだとニーチェが宣言する一世紀前に、ヒュームは神を哲学的な文書から削除した。しかし、ニーチェは彼の宣言を一九世紀的な情緒、情念、狂気で包んだが、ヒュームはそれを畏怖の念を起こすような洗練さでなし遂げた」

それは、ヒュームのことを英国が生んだ最も偉大な哲学者だと公言する現代の哲学者、サイモン・ブラックバーンの言葉だった。

ヒュームは、神と宗教の問題をどう考えていたのか。

たとえば、なぜ、この世には悪や不幸や病が存在するのか？　という、生きていれば、どんな人でも一度は行き当たる命題がある。それは押しなべて宗教的課題とも言える。

なぜ、自分は不治の病になってしまったのか？

なぜ、わが子は、若くして死ななければならなかったのか？

なぜ、過疎に苦しんでいる村に、震災や大水は容赦なく襲いかかるのか？

この世の不条理という問題である。

再び『ヒューム読本』から引用する。

「神の完全性からして、この世には悪は存在しないか、あるいは、すべての悪の原因はもっぱら神である、ということになる。（中略）神を罪悪の責任者とすることなく、この宇宙の作者とすることはいかにして可能か。
この問題は、『単に自然的で、援助されていない理性が扱うには不向きな神秘』であり、その解決は哲学のあらゆる力を超えている。（中略）
理性は『これほど晦渋と難問に満ちた場面を去って、ふさわしい控えめでもって、日常生活の検討という、理性の真の、そして固有の領域に立ち返る』べきである」

神の存在、魂の永遠性、奇跡、罪を犯せば天罰が下る、といったテーマは、理性には不向きな神秘である。哲学は、そんな不確実で、ともすれば迷信や狂信に堕落しかねない議論からとっとと退散すべきであるというのだ。
しかし、そうした考えは、当時のヨーロッパ社会では、あまりにも時代を先取りしていた。アカデミックな世界でさえ、ヒュームは無神論者、懐疑論者と呼ばれ、極度の困窮から本人が切に望んでいたエジンバラ大学の教授職につくことも叶わなかったという。

理性は感情の奴隷

ならばヒュームは、これからの哲学者はいかにあるべきだと説いたのか。

よく引用される言葉は、「哲学者たれ、しかし、哲学のただなかにおいても人間であれ」というものだった。

哲学する者は、思索のための象牙の塔から降りて、常に、人々の中にあって考え続けなさいという。哲学的思索＝象牙の塔の住人というのは、無知な私の浅はかな偏見だった。

そして、人々の間にあって考え続けろと説いた哲学者、ヒュームが重要視したのが共感の力だった。それは、たとえば、私たちが貧しい人たちに抱くような意味での共感ではないという。そうしたある種、限定的な共感は、最終的には相手への軽蔑の念しか生まないと、彼は考えた。たとえば、目の前で怒っている人に、私たちはあまり共感できない。むしろ怒りを抱かれた対象のことを心配したりする。ところが、相手がなぜ怒りを抱いているのか、その怒りの要因を探求し、深く理解し、その背景を知ることで、相手に対する愛や哀れみが起こる。ヒュームが考えた本物の共感とは、相手の情念が伝わることだという。

必然的にヒュームは、共同体のあり方や政治への思索も深めていく。

人は、心のうちに秘めた情念、声、身振りといったものを通じて、他者と感情を共有することができる。その共感を通じて、倫理というものが生じる。

ヒュームは、それまでの多くの哲学者と違って、人間本性にとって理性よりも、情念というものを重要視し、理性は感情の奴隷である、とまで言っている。

「理性は、それのみでは、人を動かすことはできず、行為の原動力は、情念である」

倫理というものは、その情念から生まれると考えたのだ。

なぜなら人は、その本性として誰もがより心地よく、より快適に生きていたいと考える。そして、人が常に何らかの共同体の中で生きる存在であるならば、自らにとっての利を考えた時、他者の快を追求する権利を侵害するのは得策ではない。ここに生まれるのが倫理だ。

ヒュームはまた、時代という長いパースペクティブの中で物事を見つめ直し、その時代を支配した時代精神とでも呼ぶべきものを読み解くことの重要性も説いていた。

「社会的経済」という考え方も、その根源はヒュームなどを起点とするアングロサクソン的経済論にあるという。ヒュームは、アダム・スミスとも親しく、当時の自由貿易主義には積極派だった。海外との交流が、文化をもたらし、共同体の質を高めるとも考えていた。

ダニエーレの山の集落にかける想い、マイナーな文化財について他者の共感を得ようとする情熱、その道徳律、新しい時代精神を読み取ろうとする気概……そうした行動の規範となる思想が、そこには詰まっていた。

哲学的空間とは？

ならば、改めてダニエーレの言う哲学的空間とは何か？

壁の煤、石壁の起伏を残すことにこだわった意味を、もう一度だけ、本人に訊ねてみた。

「一九世紀末の山の集落には、市場経済というものが育っていない時代の生活文化が残っていた。わかりやすく言えば、日々の食料も、僕らが今、小売店やショッピングセンターで買うものはほとんどなかった。基本的に自給的な生活だ。食だけでなく、衣も住も同じ、家具や生活の道具、アクセサリーに至るまでほぼすべて周囲の自然から得た素材で、自分たちで作る暮らしだった。

そしてそんな暮らしは、ずっと貧しい暮らしだと呼ばれてきた。村の人たちも、心の底では自負がありながら、どこかで、それを文化として劣るもののように感じてきた。だから、村を出てアメリカに移民した人が、二〇年暮らしても片言の英語なのに、帰国すると、アメリカーノと呼ばれたがり、アメリカ文化をまといたがる。自分たちの過去の暮らしを恥じる気持ちがあるんだ。

でもね、貧しさは、決して文化のないことではないだろう。

なぜなら、その貧しいと言われてきた自給的な暮らしが、この自然との親和性の高い、美しい集落の姿を守ってきたんだから。

ただ、そんなマイナーな文化財は、天才たちを生んだルネサンス芸術や古代ローマの遺跡への称賛の間に埋もれ、あまりにも評価されずにここまで来た。だから、その価値を伝えていくには、壁の煤まできっちりと残す必要がある。それは村人の暮らしの記憶なんだ」

哲学的空間とは、アイデンティティを失っていない場なのか。

「そうだね。現代人は、どこかで漠たる不安を抱えている。それはやっぱり、暮らしを取り巻く空間のアイデンティティを失ってしまったからだと思うんだ。かつてあった井戸端、祈りの場、祭り、そうした社会的な場を失ってしまった。

山の集落もまた、間違いなくイタリア人の歴史で、イタリア人にとってのアイデンティティなんだ。

グローバリズムによって、世界には今も均質な空間が増え続けている。それはなにもショッピング・アーケードや競技場といったものばかりではない。旅の空間だって同じだ。シンガポールへ行っても、パリへ行っても、新しいホテルほど、部屋に入って扉を閉めると、あれ、今、僕はどこに来ていたのだっけと思うほど似通っているだろう。誰かが悪いんじゃなく、僕らのような旅行好きもまた、その均質化に加担している。

従来の観光というものが、いかに地域や環境にダメージを与えてきたか。観光地として名乗りを挙げた地域に、レベルの低い民芸化や個性のないセメントの建築を増やすことで、イタリアらしさ、その地域らしさを奪ってきたか、そろそろ考え直す時代なんだ。

だから僕に言わせれば、現代の建築家たちは、もうこれ以上、奇抜な建築を増やしている場合じゃない。そんなものは、もううんざりするほど世界中に溢れている。しかも長い時を経ても、なおも美しいと思えるものは、そのごくひとつかみしかない。

そんな、世界からアイデンティティを奪うような作業に膨大な費用をかけて、大勢の人がそのために労働するのならば、同じエネルギーと情熱をかけて、今、ぎりぎりの状態で残っている山の集落とその文化を守るべきじゃないか。

時を経ても、なお美しいものを守るべきじゃないか。

真似をしても現代人には造れないようなものを、永遠に失われてしまう前に修復して残すべきではないか、と僕はそう思うんだ。

もちろん、新築するよりも、古いものを修復して残す方が費用はかかることも多い。けれども、長いスパンで考えたならば、その方がずっと地域にとっても、人類にとっても価値の高いものを残せる。

何がすばらしいかって、素材だって、ほとんどが自然素材だ。石、木材、それも古木、ごく稀に補強で鉄を使うことはあるけれど、今のような時代に、たくさんの人にとってもしっくりくる建造物だ。それは歴史に裏打ちされた価値でもある。

山村の集落は、厳しいけれど自然の中で人が暮らしてきたかたちで、それは間違いなく、イタリア人のアイデンティティでもある。貧しい暮らしだったから、辛い生活だったからといって忘れ去られるべき文化なのか、僕はそう世に問いたいんだ」

現代人が心の平安を取り戻せる場

山の城塞集落や洞窟住居といったものに、現代人が心惹かれるのは、それがイタリアらしさを象徴する空間であり、アイデンティティを失っていない場の力を持っているからだとダニエーレは言う。

この山村に最初に泊まった晩、地下の寝室へと降りていく狭い螺旋階段が、どこか深層心理の中に降りていくような感覚を呼び起こした。曲線だらけの部屋、煤けた壁、石壁と古木の手触り、ロウソクの炎、在来豆のスープ、放牧羊のチーズ、薬草茶、輪作の畑、湧き水の小川、どこまでも続く山塊、高原の風の音……そうしたものが、都会で暮らす私たちの心を揺り動かし、あるいは、ある種の鎮静作用をもたらしてくれる。

世界にぴったりくる居場所を見出せずにいる多くの現代人が、心の平安を取り戻せるような場というものを、ダニエーレ自身も山村という空間に見出していた。

彼は、アルベルゴ・ディフーゾ条例を作成した二〇一三年、サント・ステファノ・ディ・セッサニオ村の価値をさらに高めようと、新しい建築物を建てられない村宣言をした。イタリアでも初の試みだった。しかし、条例のように法的効力はないので、このラディカルな発信の意味を、村人たちに納得してもらおうと、今も奮闘中だ。ダニエーレのマイナーな文化財を守るための探求は、たくさんの友人たちの愛に支えられながら、今も続いている。

第一〇章　日本型アルベルゴ・ディフーゾ

総務省の二〇一八年の調べによれば、国内には、総住宅数の約六二四二万戸に対し、空き家が約八四六万戸もある。中でも近年、解体が進んでいるのは、一九五〇年以前に造られた木造建築、いわゆる古民家である。調査までの五年間で約二六万六〇〇〇棟が取り壊され、現存するのは一〇一万七〇〇〇棟だという。そのうち国宝や重要文化財、登録有形文化財に登録されることである程度、守られているのは、約一万五〇〇〇棟に過ぎない。

そこで、失ってしまうには惜しい古民家を、カフェや食堂、店舗、シェアハウス、放課後教室、老人ホーム、などに蘇らせる試みが、各地でさかんだ。

古民家の宿といえば、たとえば岩手県九戸郡の谷間にひっそりとある南部曲がり家の民宿「苫屋」や福岡県の霊山・英彦山《ひこさん》の宿坊復活の試みなどがすぐに浮かぶ。しかしこの章では、日本型アルベルゴ・ディフーゾ——村に点在する古民家を人が交流する宿泊施設に変えていくことで、地域の暮らしと文化を守り、活性化をはかろうとする試みに的を絞って紹介しよう。

日本では、これを分散型ホテルと呼ぶことが多い。

長崎県の小値賀島《おぢかしま》の古民家ステイ

その先駆けと言える試みの一つが、長崎県の小値賀島の古民家ステイである。もし、佐世保港から高速船でも一時間半かかるこの島に、イギリスの大手旅行会社の幹部やアメリカの高校生がやってくるという噂を耳にしなければ、五島列島の北端にある人口二三〇〇人ほどのこの島の魅力を知ることはなかった。

かつて商業と捕鯨の島として栄えた小値賀島には、江戸末期から明治にかけての重厚な木造建築が点在し、半農半漁の自給的な暮らしが残っていた。その多島海に沈む夕日の美しさは、今も目に焼きついている。

二〇〇六年、この島に移住した大阪出身の高砂樹史《たかさごたつし》は、NPO法人「おぢかアイランドツーリズム協会」を立ち上げ、農家や漁師の家に滞在しながら島の暮らしを味わう民泊事業を立ち上げる。そこで浮上したのは、島に目立ってきた空き家問題だった。

「一極集中と高齢化の日本で、環境を守りながら、地方の経済を成り立たせていく。そんな挑戦は、小さな島だけの問題ではなく、日本全体の課題なのだ」と彼は言う。

島の古民家の改築を手がけたのが、東洋文化研究家のアレックス・カーだった。

子供の頃、横浜で過ごしたことのある彼は、エール大学で日本学、オックスフォード大学で中国史を学び、慶應義塾大学に留学。その頃、旅先で見つけた徳島県の秘境、東祖谷《いや》の茅葺《かやぶき》屋根の集落の佇まいに惹かれ、一軒の空き家を、父親の友人に借金をして購入し、長い歳月をかけて茅葺を葺き替え、快適に暮らせる住まいに蘇らせた。

そんな自らの経験と、日本の美しい自然を無残に破壊していく乱開発とコンクリート行政への憤りを綴った『美しき日本の残像』（新潮社　一九九三年）は、国内で大きな共感を呼んだだけでなく、一〇ヶ国語以上に翻訳されている。

やがて、祖谷渓の集落の存続にもかかわるようになったカーは、長崎県平戸出身の友人を通じて、小値賀島の六棟の宿と一軒の食事処の古民家再生を任された。最も心を動かされたのは、捕鯨や酒造りで財を成した築一八〇年の旧家だった。黒松の堂々たる梁、七メートルもの一枚板のテーブル、専用の船着き場へと続く開放的な庭。

その屋敷は、「古民家レストラン　敬承　藤松」に生まれ変わった。

ここで腕を振るう料理人の遠山善徳は、関西などの日本料理店で腕を磨いた後、この店の料理長として島に舞い戻った。一本釣のイサキやヒラマサ、落花生豆腐、米、目の前の海で摘んだアオサの味噌汁など、島の食材ばかりを使ったその料理には、すでに、ここで食事するためだけに島を訪れるファンもついている。

「屋敷のご先祖さんたちに喜んでいただけるような仕事がしたい」と、遠山さんご夫婦は、屋敷の修繕や庭木の手入れまで手がけていた。

古民家には、ずっとそこにいたくなる快適さと美しさがあった。元武家屋敷の「親家《おやけ》」は、夜、灯りをつけると、床に映る格子の影ががらりと表情を変え、「日月庵《にちげつあん》」の広い窓からは船着き場が見える。調度に置かれた有田焼の花瓶や窓際の文机と、あちらこちらに一幅の絵がある。同時に、家屋のオリジナルな姿を大切にしながらも、水まわりや寝室、リビングの快適さにはこだわっているのだという。

「敬承　藤松」の庭

カーの監修の下、現場を手がけたのは、島の大工や建築会社である。当時は、旅館業法が改定される前で古民家再生の宿についての法整備も整っていなかった。そこで高砂たちは、何度も霞が関に足を運んだという。

神奈川県から島に移り住み、「おぢかアイランドツーリズム協会」で活躍する木寺智美は、消防法をクリアするために、廊下にたくさん設けなければならなかった煙を逃がす小窓を示しながら、改修の苦労話について話してくれた。

「今、一五年を経て、そろそろ改修の時期に入っています。檜風呂は常に湿っていないとひびが入

 りますが、コロナでお客さまが減ったこともあって、二〇二一年、新しくしました」

彼女たちは、世界に一つしかない島での結婚式など、新しい旅を提案している。

一方、カーは、祖谷渓だけでなく、京都府亀岡市や長野県茅野市などでも古民家ステイを実現し、今も、立て看板やコンクリートの箱物が、日本の景観と自然を台無しにしていることに、警鐘を鳴らし続けている。

商店街の進化形としての大津の分散型ホテル

玉石混淆の分散型ホテルの中で、日本型アルベルゴ・ディフーゾの正統派と呼べるのが、琵琶湖を臨む大津市に二〇一八年に生まれた「商店街HOTEL　講　大津百町」である。

ユニークなのは、その舞台が商店街であることだ。

商店街は、活気のあった時代の象徴的な空間だが、大型量販店の進出やネットショッピングの浸透によって、疲弊の一途をたどっている。シャッター街も淋しいが、どこにでもあるチェーン店ばかりになった姿はいっそう物悲しい。大きな曲がり角にある全国の商店街は、あの手この手で生き残り作戦を展開しているが、大津では、商店街と宿を組み合わせたのだ。

商店街を中心に徒歩五分ほどの範囲に、七棟の宿が点在している。

フロントを兼ねた「近江屋」は、旧東海道沿いの堂々たる元呉服屋で、内に入ると、落ち着いた木の風合いはそのままに、北欧の高級家具や東方の敷物をあしらった和洋折衷である。宿はキッチン付きで、基本的には食泊分離型だが、そこは商店街だけに近江牛、うなぎ、居酒屋と好みに合わせて名店を指南してもらえる。予約しておけば、「近江屋」の割烹料理店で、うなぎ茶漬け、コアユやスジエビなど琵琶湖らしい朝食も味わえる。

その隣の元茶商の「茶屋」は、広々とした和室にベッド、檜の浴槽、庭が楽しめる縁側には、アルネ・ヤコブセンの椅子がさりげなく置かれている。

人口約三四万人の大津は、もともと東海道五十三次の宿場町として栄えた古都で、アーケード商店街のある界隈は、今も大津百町の名で親しまれている。しかし、高齢化とともにぽつりぽつりと空き店舗が増えた。たくさん残っていた美しい町家も維持には費用がかかると取り壊されていく。そんな町家を何とか残したいと考えた一人が、滋賀県竜王町の工務店「谷口工務店」の谷口弘和社長だった。

「茶屋」の檜の浴槽

二〇一六年、その依頼を受けて商店街ホテルという日本初の試みに挑戦したのが、「里山十帖」

だった。代表の岩佐十良《とおる》は東京生まれ、『自遊人』の編集長である。岩佐は、日本一の米を知りたいという思いから新潟県南魚沼と二拠点生活をしていたが、二〇〇四年には南魚沼に移住。二〇一二年、南魚沼の大沢山温泉にある築一五〇年の総漆塗りの元旅館を買い取り、これを改修し始める。そして、二〇一四年、「里山十帖」として開業。徹底した地産地消の食と地域文化の発信を始めると、これが人気を呼び、全国に注目された。その後もブックホテル「箱根本箱」や長野県の「松本十帖」など話題の宿を手がけた。

岩佐が、大津で最もこだわったのは快適さと耐久性だという。

「古い土塀に見えても、壁も、天井も、床も、全部、一度、剝がしてから、耐震補強や断熱、防音も徹底しています。だから快適ですよ。リノベーションは建て替えと同様か、それ以上の費用がかかるのですが、今後、一〇〇年使い続けられるというコンセプトなのです」

宿のもう一つの魅力は、スタッフが、夕方、大津の商店街を案内してくれることだ。シャッターが降りた店もまだ目につくが、宿場町には漬物屋や茶屋など江戸末期からの老舗もある。造り酒屋には、減農薬の地元米を使った純米吟醸が売られ、近江牛を扱う肉屋、琵琶湖の鮎や蜆《しじみ》などを扱う川魚専門店もある。また、上菓子と抹茶がいただける和菓子屋やフルーツサンドが楽しめる果実店は、ほっとひと息つける場となっている。

その商店街の中にも三棟の宿。個性豊かな商店と、一棟貸しの町家ホテル、それにカートを押して買い物に来る地元のおばあさんとの組み合わせが、何とも愉快だ。

宿は一つのメディア、媒介だと岩佐は言う。点在する宿が、町の情報を発信し、活性化を促す。宿があることで、疲弊しかけた商店街の顧客を、他県や海外からの旅行者という生活圏外の人にも拡げることで、商店街のあり方を揺さぶろうというのだ。町を訪れる人のために、商店街のガイド本まで出版している。

歴史ある商店街と快適な町家ホテルの組み合わせは、目からうろこだった。この宿は、かつて日本人の心の真ん中にあった商店街という場が、まだ楽しく変化していける可能性を秘めていることを教えてくれた。

もう一つ、日本初のしかけは、ステイ・ファンディングといって、ここに一泊すれば誰でも一人一五〇〇円、大津の町を元気にすることに貢献できる。

大津から京都はたった九分、芭蕉も愛した古刹、三井寺も近い。京都観光の拠点としても快適な宿群の今後の成長が楽しみである。

水源の村の暮らしを守る「崖っぷちホテル」

山梨県の奥多摩湖のさらに上流にさかのぼった小菅村は、東京都民の生命線、多摩川の水源の一つである。

そこで、村では一九八〇年代から「多摩源流まつり」を開催し、東京農業大学の生徒たちが村

小菅村の多摩川源流

を実習の場とする「多摩川源流大学」を開き、夏場の親子学習の受け皿として「多摩源流こすげ」を立ち上げるなど、下流域の人々との交流に力を入れてきた。その努力の結果、二〇〇〇人を超えた五〇年代から年々減っていた村の人口は、この一〇年、何とか七〇〇人を維持している。

そんな村に、二〇一九年、古民家再生の宿「ＮＩＰＰＯＮＩＡ　小菅　源流の村」が生まれた。共同運営しているのは、東京のコンサルタント会社「さとゆめ」、各地で古民家再生の宿をしかける「ＮＯＴＥ」、それに小菅村の第三セクター「源《みなもと》」の三者が出資した株式会社「Ｅｄｇｅ（エッジ）」だ。

「さとゆめ」の代表、嶋田俊平は、各地の様々な町づくりを手がけているが、この事業には社運をかけているのだという。京都大学で森林学を学んだ後、国立公園の保全や世界遺産の登録に携わる機関で九年働いた。

「コンサル会社は、計画書や戦略書を納品すれば仕事は終わりです。でも、何十という計画を作り続けていると、その後が目の端に入る。動いていない地域もあれば、違う方向に向かってしまう地域もある」

ある時、スキーもペンションも下火になった長野県信濃町を、癒やしの森として再生し、企業研修を誘致して、年に四〇〇〇泊を目指そうと提案。二年後、あるセミナーで役場の担当者が、新たに一〇社の企業と契約した成功事例として発表する場に遭遇した。

「嬉しいよりも怖くなった。うまくいったからよかったけど、自分の計画のせいで誰かが犠牲になるかもしれない」

そう痛感したことがきっかけとなって、信濃町のホテル経営者らと起業したのが、伴走型のコンサル会社「さとゆめ」だった。

そんな嶋田が、小菅村で空き家の相談を受けたのは、村の地方創生の切り札として二〇一五年三月に開業した「道の駅」立ち上げのプロデューサーを務め、「源流イタリアン」というコンセプトで成功させたからだ。森の保全につながる薪で焼き、村の特産ヤマメ、きのこ、山菜を使ったピッツァが評判となり、週末には行列ができた。国道から五〇〇メートルも離れた「道の駅」には異例のことだった。

「僕らの仕事は、まず目に見える商品開発や観光事業、そうやって売り上げを伸ばす、雇用を作る、産業を作る。そして最終的には、そこに人が住むということがあります」

「大家」で供される舞茸の炊き込みご飯

この村の深刻な課題も、一〇〇軒近い空き家対策だった。村の良さを伝えるには泊まってもらうことが欠かせないが、村に通い始めた頃は八軒だった民宿も半減。嶋田は、村に「アクティブシニア、カップル、外国人」という新しい層を引き込み、できれば長く滞在し、しっかりお金を落としてもらえないかと考えた。

こうして最初に手がけたのは、築一五〇年の合掌造りの旧細川邸を改装した「大家」。「NIPPONIA　小菅　源流の村」の一つめの宿である。母屋三室に蔵を加えて四室の宿には、贅を尽くした庭もある。宿泊客は、村の自慢である木造の温泉「小菅の湯」も利用できるし、ドイツ製の電動自転車で、滝やダム湖、釣り場、大菩薩峠まで出かけることもできる。

現在、宿の顔となっているのは、支配人の谷口峻哉夫婦だ。東京の会員制ホテルに勤めた後、オーストラリア留学を経て帰国。募集を見て応募した移住者である。目下は、わさび棚で収穫体験をし、畑でおにぎりを食べるといったエクスカーション（体験型の見学会）を模索中だという。

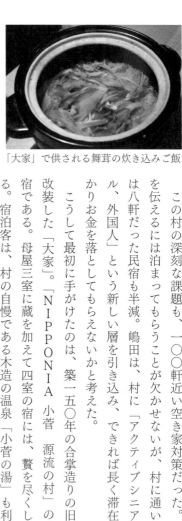

宿の大きな引力は、鈴木啓泰シェフの料理だ。地域の顔見知りから手に入れるきのこ、希少な肉やジビエ、山菜、わさび、旬の野菜を活かした創作和食は、繊細でひと手間もふた手間もかかっている。土鍋の炊き込みご飯の香ばしさは格別である。

そして大月駅までの送迎や庭木の手入れを引き受けるのは、元教育長や元消防署長だ。村の存続をかけた宿は、村人の協力があってこそ成立する。有料で、村人ガイドに森の散策などを頼むこともできる。

ただ、どこでも言えることだが、地元の温かいもてなしと、価格に見合うサービスとの折り合いは、今後のテーマだろう。

「Ｅｄｇｅ」という社名の意味は「崖っぷち」。二〇二〇年、コロナ禍の中でオープンした第二弾は、「崖の家」。その名の通り、目を剝くほどの急斜面の上に立つ民家を改装したものだ。高所恐怖症の人にはお薦めしないが、広々とした窓から緑の山を眺めながら、食事が楽しめる。この社名には、エッジが効くと言うように飛び抜けたという意味もある。高齢化で源流の村が立たされている崖っぷちな現状から、最先端の村を創造していこうという気概が込められた洒落の効いたネーミングである。

また、移住者たちが起業した会社の一つ「小菅つくる座」は、毎年、「タイニーハウス小菅デザインコンテスト」を開催している。タイニーハウスとは、キッチンやトイレ、シャワーなど生活に必要なものが備わった小さな家のことだ。「小菅つくる座」では、水源の森を守る間伐材を活かし、単独者用、夫婦用、愛犬家用など多様なタイニーハウスの開発を手がけている。

七〇歳で、地域おこし協力隊として、仕事で世話になった村に舞い戻った建築家の和田隆男によると、タイニーハウスの提案は、「外材を多用した大手の規格は本当に住みやすいのか、都市と田舎の二拠点生活もありではないか」といった住についての水源の森からの根源的な問いかけなのだという。

水源の村の暮らしを知ることは、命の源である森や水と自分たちの暮らしぶりについて考えることでもある。自治体も本気になって、山村の存続のために宿を運営し、その文化を次世代に伝えていく新たな観光はまだ始まったばかりだ。そしてこの宿は、コロナ禍でも高い稼働率を見せて、黒字を記録していた。

宿場町のもてなし力と歴史を掘り起こす宿

岡山県小田郡に、イタリアのアルベルゴ・ディフーゾ協会と連携した最初の町があるというので、足を運んでみた。そこで改めて知ったのは、日本の宿場町というものの魅力だ。

熱心に教えてくれたのは、二〇一五年、古民家ホテル「矢掛屋《やかけや》ＩＮＮ＆ＳＵＩＴＥＳ」を開業した安達精治だ。島根県浜田市出身の安達は、ザ・リッツ・カールトン大阪進出にも携わり、一九九四年に独立、群馬や島根のホテルを経営する「シャンテ」を立ち上げ、赤字ホテルの立て直しなども手がけてきた。

矢掛町の宿の運営を任されることになったきっかけは、ある席で、山野通彦元町長から、「歴史ある宿場町に、この四〇年ほど宿がない」と聞かされたことだった。山野は、家主たちを説得し、三つの古民家を町で買い取り、これを宿にする計画を練っていた。それをコンペで勝ち取ったのが、安達だった。

矢掛町は、大阪と小倉を結ぶ旧山陽道の一八番目の宿場町で、倉敷からも近い。町の東西に走る七五〇メートルの大通りには、ほぼ江戸時代と変わらない街並みが残り、しかも参勤交代の大名をもてなす本陣と脇本陣の両方が、日本で唯一残っている。

本陣の主は、藩主や姫をもてなす裕福な商家であるだけでなく、町一番の名士で、参勤交代の先頭を紋付袴で歩くことを許された名誉職でもあった。そして脇本陣というのは、位の高い家来たちや、二つの藩がバッティングした時に格下の藩主を泊めた屋敷で、これは数年ごとに代わったという。

「この町には、その脇本陣が六つも残っている。造りはうなぎの寝床で、奥行きが八八メートルもあるんです」

宿として蘇ったのは、その脇本陣の一つだった。多くの宿場町の本陣や脇本陣は、見学だけの敷居の高い文化財だが、ここでは、そこに泊まって、じっくりと歴史をくゆらせることができる。圧倒されるのは、ダイナミックな曲線を描く、二階の天井の梁である。

「水運が衰退して、失業した瀬戸内の船大工たちが手がけたもので、この造りは船をひっくり返したような構造です」

本陣の主人は、おいしい海の幸に慣れた藩主たちをもてなすために、浜から交代制で飛脚を走らせて鮮魚を届ける流通路を開拓したという。安達は、この正真正銘のご馳走の歴史を伝えたいと、床の間に、安藤広重の「魚づくし」の版画を飾っている。

矢掛町の別館には温泉施設もあり、元米蔵を改修した「蔵ＩＮＮ　家紋」など、若者や家族連れも長期滞在できる価格帯の宿があるのもありがたい。


長い間、町の活性化に頭を悩ませてきたという矢掛町だが、浴衣姿の女性たちが夜の通りを散策する姿は、この宿が生まれるまで想像さえできなかったという。

とはいえ、よそ者である安達の発想に、最初から誰もが賛同したわけではない。当初から応援団となってくれた商店街の女性たちの他に、共感者が増え始めたのは、安達が過去に手がけた片田舎の再生ホテルの見学に出かけたのがきっかけだったという。町に六軒だけだった飲食店は現在二三軒にまで増え、若者がチョコレート専門店やカフェを始めるようになった。

さらに、町を訪れて感激したアルベルゴ・ディフーゾ協会の会長、ダッラーラの提案で、二〇一九年には、岡山県にアルベルゴ・ディフーゾ・ジャパン（松田久会長）も設立された。

翌年には、宿場町で馬の調達など旅人の相談に応える建物だった屋敷が、「矢掛ビジターセンター問屋」となって復活した。

その矢掛町観光交流推進機構の理事、金子晴彦は、ＪＡＬに勤務後、妻の実家があったこの町に移住した。元宿だった家々で聞き取りを続け、宿場町の歴史を掘り下げ、安達の計画を援護した一人でもある。

コロナの痛手を受けなかったといえば嘘になるが、安達はあくまでも前向きだ。インバウンドよりも、まずは丁寧に国内にファンを増やしていきたいと言う。

「宿場町は、村に点在する古民家に泊めて、村全体でお客をもてなすアルベルゴ・ディフーゾと同じだなと思ったんです。あの時代に、町全体で多い時は六〇〇人以上の人々をもてなす体制が整っていたわけでしょう。まさに垂直型の近代ホテルの機能が、町全体に備わっていた。面白いのは、その時代の百手講《ももてこう》（五〇人一組を一里とした古い制度の名残から、集会の場をそう呼ぶ）が今も残っていることです。この五〇人一組の組織は、物流や接待、調理などおもてなしの合理的な役割分担から生まれたんです」

世界的なおもてなしの町を掲げたからには、今後、さらなる景観のブラッシュアップ、地産地消の徹底、住民が地域の宝を熟知している町づくりへと期待が高まるところだ。

二〇二〇年、大通りの約三分の二の電線が地中化され、その翌年には、日本初の物販のない道の駅も完成した。名物を紹介だけし、実際の買い物は個々の店でという日本初の試みだ。

若者たちが活気をもたらす八女福島にアクセントを添えた古民家宿

古民家再生の宿には、長年、法律の壁が立ちはだかっていた。それまでの旅館業法では、たとえば、宿の各棟にフロント設備や洗面所を増設する必要があった。

そんな中、国家戦略特区として、分散型ホテルを実現できたのは、二〇一五年、兵庫県篠山市に生まれた古民家再生の宿「篠山城下町ホテルＮＩＰＰＯＮＩＡ」だ。小菅村のプロジェクトにもかかわる「ＮＯＴＥ」の代表、藤原岳史が最初に手がけた仕事だ。

進学のために丹波篠山を離れた藤原は、都内のＩＴ企業などで市場調査の仕事をしていた。ところが帰省するたびに故郷には空き家が増え、知り合いの店が消えていく。そこで二〇〇九年、地元に戻ると、町おこしの一般社団法人「ノオト」を立ち上げ、一棟貸しの「集落丸山」を地域の人々と始めた。

二〇一六年には、古民家ホテルを手がける株式会社「ＮＯＴＥ」を創立。やがて国内でのニーズの高まりから、二〇一八年、ようやく、旅館業法や文化財保護法が改正された。フロントは町に一ヶ所だけで、地域に複数の古民家ホテルを造ることが可能になると、同社は、千葉県の佐原市や奈良県など、全国各地でブランドのホテルを展開し始めた。

一泊平均二万～三万円、中には七万円という価格設定は、改修にかけた事業費を一〇～一五年で回収するために逆算した結果で、驚かされるのは、従来のホテルとは違って、稼働率が三〇％でも成立することだ。そのため、客を詰め込む必要がなく、働く方にもゆとりができるという。ただし、同社はあくまでもディベロッパーで、実際の運営は、事業者や地元住人に任される。そして宿の印象は、料理、人的サービス、水まわりの良さなど、空間の演出よりも、運営のあり方の方が大きい。そこで、同じブランドを掲げていても、町によって人も文化も街並みも違うことから、その内容も多様である。

その中で福岡県八女福島市の古民家を改装した「NIPPONIA HOTEL 八女福島 商家町」は、一軒のみのため、現時点では分散型ホテルとは呼べないが、好印象を抱いた。

ここは、三〇年以上前から城下町の面影が残る古い街並みを守ろうという地元の熱心な活動が続いており、二〇〇二年には、重要伝統的建造物群保存地区に指定された。白壁の堂々たる造りの茶屋、うなぎ屋、酒屋などが並ぶこの町には、そうした地元の人たちによる受け皿があったことで、空き家になっていた古民家でユニークな活動を始める若者たちが暮らし始めていた。

その筆頭が、野良着だったモンペのイメージをがらりと変えた「うなぎの寝床」の代表、白水高広だ。そのデザイン性の高いモンペは、地元の伝統工芸である久留米絣の存続にも貢献してい

「うなぎの寝床」で販売されているモンペ

「うなぎの寝床」外観

る。同社は、二〇一二年から古民家を再利用した九州のセレクトショップ、カフェ、ギャラリー、書店などを展開し、町に活気を与え、今やこの町の顔となっている。大学で建築を学んだ白水は近く宿も開業する予定だ。

そこに二〇一九年に参入したのが、「NIPPONIA HOTEL 八女福島 商家町」だ。宿どころか、カフェもほとんどなかった二〇年前と比べると、まさに隔世の感である。

この宿は、檜風呂、畳間にベッドが置かれた和洋折衷で、中でも印象的なのは、壁の染みをそのまま残した土間の食堂「ルアン」である。ウェルカムドリンクは、八女という茶の名産地の抹茶だ。地元の家庭料理のアレンジである朝食もいい。そしてハイライトは、この土間の食堂でいただく夕食だ。地産地消の繊細なフレンチと抹茶のスイーツは、目にも鮮やかだった。

各地の古民家の改築にあたって藤原が最も気をつけているのは、補修し過ぎないことだという。「補修し過ぎると、ただのよくある和風ホテルになってしまう。耐震化や壊れた部分の補修はするものの、なるべく本来の姿を残そうと考えている」のだという。

その補修し過ぎない加減は、人気の分かれ目とも言える。古民家の原型を保つことと快適さのバランスは、最も難しいところかもしれない。

たとえば、みしっと音を立てる廊下は、私には、むしろ懐かしさを喚起させたが、一緒に泊まった人は、道路に面した部屋の騒音がやや気になったとぼやく。人の感じ方は様々で、ダニエーレの宿のように壁の染みにも、さぞや賛否両論あることだろう。

運営する側が、地域の文化をしっかりと掘り下げ、センスよく発信を続けていく。また、そうした議論が繰り返される中で、日本でも、ようやく新しい宿の分野として認知され、古民家宿を利用する側にも、自ずとすみ分けができていくのかもしれない。

空き家化が深刻な都心の共同住宅を宿に

数年前、アルベルゴ・ディフーゾ協会のダッラーラ会長が来日した折、日本で同じような活動を始めた人たちがいると紹介されたのが、一般社団法人「日本まちやど協会」の建築家たちだ。

二〇一七年に発足した同協会は、これまでのように豪華な料理や非日常の空間を味わう宿ではなく、町を一つの宿と見立て、町ぐるみでもてなすことで、そこにあるありのままの日常を味わってもらおうという宿泊事業者の緩やかな会だという。まさしく、アルベルゴ・ディフーゾと同じ発想である。しかし、建築家たちが中心なだけあって、再生の対象である建築は古民家に限らず、アパート、古ビル、集合住宅と様々である。

団体の理事長、宮崎晃吉《みつよし》が経営する東京都谷中の宿をさっそく見学した。

谷中は、私も学生時代に一人暮らしをした懐かしい下町である。今でこそ、谷中銀座を中心に観光客で賑わっているが、その街並みは、震災が来れば、消防車も入れず危険だといった理由で、都会から急速に消えていった木造の密集地帯である。

効率性と機能美を極めた高層ビルの立ち並ぶ都市開発が、今でも町の姿を変貌させているが、下町の植木が置かれた路地裏、猥雑な居酒屋、庇の傾いだ木造家屋といったものを失った町は、どうも生き苦しい。それらは、アジア的親和性の象徴のようにも思える。

久しぶりの谷中銀座は、外国人で賑わう観光地に変貌していたが、そこで、最初に宮崎が手がけたのが、「ＨＡＧＩＳＯ」だ。平日でも若者たちがひっきりなしに訪れるその店は、黒塗りの和風建築で、一階はカフェと吹き抜けのギャラリーになっていた。

「もともとは僕が学生時代に下宿していたシェアハウスなんです。老朽化して一度は解体が決まっていたんですよ」

「ＨＡＧＩＳＯ」は「萩荘」だった。

本体は、戦後の物資の足りない頃の安普請な木造二階建ての共同住宅だそうだ。東日本大震災で瓦が落ち、塀が崩れ、いよいよ取り壊すとなった時、愛着を抱く住民仲間とお別れイベントを開くと大勢が押しかけた。これを目にした宮崎さんは、解体せず、小さな文化複合施設として再生できないか、と模索を始める。

東京芸術大学を卒業後、磯崎新アトリエに勤務、後に伴侶となる中国人建築家を通じ、激動の中国でも、帝国時代の洋館や地下防空壕を改修して再利用する潮流があることを知った。こうして大家さんも承諾し、萩荘は生まれ変わった。

次に目をつけたのが、近所で長い間、空き家になっていた「第二丸越荘」だ。法務省で登記簿を調べると、持ち主は福井県の若い勤め人だった。改装費をこちら持ちで交渉すると、二つ返事で承諾。二〇一五年、五部屋からなる宿「Ｈａｎａｒｅ」が生まれた。

雨漏りしていた天井を補強パネルで補修して、粗末な天井板の木目を敢えて見せることで味わいに変えた。トイレやシャワーはあるが、風呂は銭湯。レセプションは「ＨＡＧＩＳＯ」の二

「HAGISO」の二階にあるレセプション

階で、こだわりの和朝食をカフェが供する。近くのおいしい店や散歩道、美術館、レンタサイクルなどの案内をマップにすると、世界的なホテルの予約サイト、ブッキング・コムで九・三の評価（一〇点満点）を獲得した。

農山村や離島の空き家問題も深刻だが、圧倒的に数が多いのは、実は東京都である。二〇一八年の総務省の調べでは、東京の空き家の約八一万戸のうち、約七割が賃貸用の共同住宅で、長屋建ては一六〇〇戸、木造の共同住宅は五三〇〇戸もあるという。ひところ、地上げで都内の銭湯がばたばたと消えたが、それが風呂のないこうした木造の共同住宅をさらに借りにくい物件にした。今後、人口が縮小していく日本で、火災や倒壊の恐れ、治安の悪化を考えても、空き家問題の解決が急がれるのは、都市部も同じだった。

その一つの解答が谷中の下町にあった。

宮崎がその後に手がけた古民家カフェ「ＴＡＹＯＲＩ」も木造二階建てで、一階には彫金作家の店の奥に惣菜と人気のカフェの店がある。店の入り口には生産者と客が互いの声を聞ける「食の郵便局」もある。また、日替わり定食や弁当は、近所のお年寄りや子育て世代が日常的に使えるものを想定したのだという。

今、あるものを直して活かす建築。それはただ耐震性を備え、機能的で、おしゃれに再生するだけではない。宮崎は、こうして生まれた場を、コンサート、勉強会、料理教室、展示といった交流の場として最大限に活かしながら、地域住民と旅行者、生産者と消費者、農村と都市がつながる場へと育てていきたいのだという。

能登半島で地域おこし協力隊が始めた里山まるごとホテル

能登半島は、二〇一一年に日本初の世界農業遺産に選ばれた希少な里山里海の文化が残る地域だ。近代農業や効率性の偏重によって失われた地域の暮らしや文化を取り戻し、生物や農業の多様性を守っていこう、というのが、その選定の意図である。

石川県の里山振興室は、これを機に、従来のグリーンツーリズムの考え方をもう一歩進めた能登の魅力を発信するスローツーリズムへと行き着いた。ミラノの国際博覧会で、トスカーナ州のスローシティや農家民宿を視察した知事が、同州の村では、食文化の再生から、減っていた人口が元に戻ったことに感銘を受けたことがきっかけだ。

スローシティ連合は、グローバル経済の中で均質化の波にのまれず、地域のアイデンティティを守ろうという組織だ。第一次産業と観光をつなぎ、農家民宿や飲食店を拠点にした交流の場を育て、食を軸とした文化を守ることで暮らしを存続させ、その暮らしに寄り添うスローな旅を提案している。その提唱者、故パオロ・サトゥルニーニを能登に招き、講演会も行った元里山振興

古民家宿「中右衛門」

室の瀬川徳子に話を聴いた。

「田の神を迎える『あえのこと』という珍しい行事が、今も八〇軒もの民家に残っています。能登は漁村と農村の文化が凝縮されていて、千枚田の景観もある。どの家にも囲炉裏がある。懐かしさ以外の価値を価格にできるのではないか。それらを同じコンセプトでネットワークすることで、ゆったりした長期の滞在を目指そうとなったのです」

同室では、古民家が残る里山や空港や道路に隣接する地域を景観形成重点地区に指定して景色を守ってきた。農家民宿の北の聖地として知られる能登半島には、コロナの渦中にもかかわらず、新たに一三軒が開業している。

そのうちの一軒が、二〇二〇年、奥能登の三井集落に、「里山まるごとホテル」の最初の古民家宿として開業した「中右衛門《なかよも》」だ。食事処「茅葺庵」に続く第二弾で、長く空き家だった築一五〇年の大きな平屋を、クラウドファンディングも使って美しく改装した。

運営するのは、東京からの移住者、山本亮夫婦だ。「中右衛門」の隣には、農家民宿「弥次」があるため、差別化のために一棟貸しにし、素泊まりもできるようにした。

広い畳の宴会の間、天井の高い板間にはベッド、水まわりも快適で、各所を彩る野花の生け花は、東京の花屋で働いていた妻の晶子さんの手になる。ゆったりした時間とプライバシーを尊重したいと、純和風の朝食バスケット（バスケットで部屋まで届けてもらえる朝食）を考案。その日は青菜のお浸し、サツマイモの胡麻和え、香の物、味噌玉に湯を注ぐだけの汁、特殊な釜での炊き立てご飯をいただいた。

夕食は、「茅葺庵」の囲炉裏端でヤマメやジビエ、焼きおにぎり、山菜入りの煮物や柚子がま、天ぷらなど里山料理を楽しめる。地元の料理の達人たちの日替わりで、その一人、谷内《やち》信子は、大病院の調理師だった頃、良い素材を使えないジレンマに苦しんだという。そこで引退後は、添加物を使わない養生食を志し、宿では彼女が考案した柿の葉、よもぎ、どくだみ、タマネギなどの養生茶もいただける。

「ここへ来る若い人たちが、添加物も何も加えない食で元気になってほしいと願いながら、この仕事をしている」と話す。

三井集落

一五年前、東京農業大学のゼミで訪れたこの三井集落に心を奪われた山本は、コン

神事「あえのこと」

サルタント会社に勤めた後、地域おこし協力隊として舞い戻った。高齢化が進む地域では、まるで息子のように歓迎された。そして、古民家再生の宿をイメージし始めた頃、瀬川に誘われ、イタリアのアルベルゴ・ディフーゾも視察した。秋田県の「シェアビレッジ町村」や岐阜県の里山サイクリングも見学し、「里山十帖」の岩佐には借金にひるむなと激励を受けたそうだ。

　ここでは、旅行者も年に数回、神事「あえのこと」を体験できる。何とも不思議な祭りで、見えない田の神様を、家主が紋付袴で田んぼまで迎え、座敷でご馳走を振る舞う。冬の間、家でのんびりしてもらうという農耕儀礼である。

　宿に泊まれば、村人の協力の下、夕方の里山散歩が楽しめる。山菜を摘んだり、野菜を収穫したり、お年寄りと話をしたり。私が訪れた時は、「三井の活性化を考える会」を設立し、地域の存続のために頑張ってきた山浦芳夫夫婦の家で、ご主人が淹れたおいしいお茶と手作りの水ようかんをいただいた。

「能登のととらくといって、ここには接待は男がするという文化がある。だから、お茶を淹れるのが上手な方が多いのです」と山本が教えてくれた。舌に染みわたり、うま味だけが残るお茶のおいしさの秘密は、沢水だと山浦は言う。

「贅沢な地域です。里山ですわ。そして海が近い。内海の穴水も、外海の輪島も近い。大きくはないけれど段々畑があって野菜も米も、山菜やきのこも採れる。味わいのあるよいものがたくさん残っている。子供や孫が住めるようにしなきゃね」

すべての分散型ホテルに託されているのは、郷土愛と次世代への想いに尽きる。こうした想いがこもった宿に泊まり、ゆっくりと周囲に目を凝らすと、日本にはまだまだ守りたい文化と味わい、絶景がふんだんに残されていることに気づかされる。そうして、こちらの心まで温かなもので満たされるのだった。

あとがき

二〇二〇年の春、中国の武漢市から世界に拡がった新型コロナウイルス感染症の流行によって、イタリアは、二〇二二年の末までに約一八万人の犠牲者を出した。すべての観光地から旅行者たちの姿が消え、ロックダウンによる長期休暇はホテル業界を凍りつかせた。

何度かの流行を想定するならば、その終息までしばらくの間、社会的距離という難しい課題を抱えながら、何とか解決策を模索するしかない。最も痛手を受けたのは、大型バス、大型ホテル、大手代理店を軸にした団体客のマス・ツーリズムだった。観光大国としての歴史も長いイタリアでは、国民の約一四%が観光とそれに付随する仕事で生計を立てていた。約三万軒の宿泊施設が休業や倒産に追いやられ、女性や外国人などを中心に、業界の四人に一人が働く場を失ったという。

そんなコロナ禍の夏、サント・ステファノ・ディ・セッサニオ村の分散型ホテル「セクスタンティオ」では、嬉しい現象が起きていた。ダニエーレの宿が生まれたことで、イタリアの最も美しい村連合にも迎え入れられ、村にはすでに三〇以上の新しい経済活動が育っていた。はちみつ専門店、二つめのバール、羊の放牧農家が直営する羊毛専門店。何より集落に増えたのは、新しいホテルやB&Bで、二〇一九年には一五軒にまでなっていた。今やダニエーレの宿は、村全体の宿泊の三〇%を占めるに過ぎない。そんなこともあって、マテーラの宿の稼働率が九〇%であるのに対し、サント・ステファノは五五%ほどに留まっていた。

「模倣されるのは、それが良いモデルという証拠だ。これからの時代の新しいビジネスモデルを創りたかったわけだから、真似されてこそ本望」とダニエーレは強がっているが、困り顔だったのは、支配人のヌンツィアだ。

「近頃、このホテルの真似をしたタイプの宿もできて宿泊施設がかなり増えた。ダニエーレは気にしないけれど、経営を任されている立場にしてみれば、頭が痛いわ。大手の予約サイトを覗いて周囲にもっと安いホテルがいくつもあれば、よほど『セクスタンティオ』に興味を抱く人でないと、別の宿を予約してしまう。正直、それはかなり大変なの」

ところが、コロナ禍で最初のロックダウンが解除された夏、予想外のことが起こった。ずっと五五%前後だったこの村の「セクスタンティオ」の稼働率が初めて九〇%を記録したのだ。

イタリアでは、国内の観光産業を支える旅を呼びかける声も高まっているが、パンデミックの中、村に分散する独立性の高い宿の造りと大自然の散策に引き寄せられるようにして、大都市から大勢の旅行者たちがやってきたのだ。ヌンツィアによれば、長期滞在者の中には、都心の自宅にいるよりもここにいる方が安心できると言ってくれる人たちがいたという。また、この宿で結婚式を挙げたイギリス人のゲイのカップルは、動画でその美しい思い出を語り、応援してくれた。

もう一つ嬉しいことは、ダニエーレたちが二年がかりで交渉してきた結果、村全体に耐震補強が施されることになった。工事を請け負ったのは「アガトス」というペルージアの会社で、アッシジやラクイラ地震後の耐震補強の実績もある不正とは無縁の会社だ。城壁や古い役場もすべて壁の内部に鉄筋の構造物が埋め込まれるのだという。

二〇二二年には、震災以来、崩れたままだった村のシンボルの塔も復活した。

さらに同年の春、ルワンダの宿もついに開業した。

スカンノ郊外などにダニエーレが所有する廃村の再生に投資する人が現れるか否かは未知数だ。

この物語がめでたし、めでたしと終わるかどうかは、まだ誰にもわからない。

ふいに襲いかかったパンデミックによって、予想もしなかったかたちで、グローバル化社会の私たちの行動様式とともに、観光のあり方そのものを問い直させられることになった。

ポスト・コロナの時代、なぜ人は旅をするのか、私たちは、その原点に立ち返ることになるだろう。そして、もし、ダニエーレが長時間の飛行機旅を克服して日本を訪れたならば、いったいどんな場所を、マイナーな文化財——壊されてしまえば、その場が守っていた見えない文化とともに永遠に失われてしまう――だと呼ぶのだろう。

それはたとえば、棚田や鎮守の杜のような里山の風景、木造旅館が並ぶ温泉街、酒蔵や味噌蔵、個人店が並ぶ昭和のアーケード街、路地裏の居酒屋、古民家の街並みといったものだろうか。

地震も水害も多いこの国で、先人たちがせっかく残してくれたそれらを、もうこれ以上、壊す口実を探す必要はないのではないか。

世界中《せかいじゅう》から人《ひと》が押《お》し寄《よ》せる小《ちい》さな村《むら》
新時代《しんじだい》の観光《かんこう》の哲学《てつがく》

2023年2月28日　初版1刷発行

著者 ———— 島村《しまむら》菜《な》津《つ》
カバーデザイン ———— 宇都宮三鈴
本文デザイン ———— KINDAI
発行者 ———— 三宅貴久
組版 ———— 近代美術
印刷所 ———— 近代美術
製本所 ———— ナショナル製本
発行所 ———— 株式会社光文社
〒112-8011　東京都文京区音羽1-16-6
電話 ———— 新書編集部 03-5395-8289
書籍販売部 03-5395-8116
業務部 03-5395-8125

落丁本・乱丁本は業務部へご連絡くだされば、お取替えいたします。

ISBN978-4-334-95365-2 Printed in Japan